大塚英樹
Otsuka Hideki

社長の危機突破法

思考力・胆力・現場力

さくら舎

はじめに

かつて私は、「生き残るだけで企業としては成功だ」と書いたことがある。これは間違いだった。もはや企業に、「ただ生き残る」という選択肢はない。「存続するか、然《しか》らずんば死か」――これしかない。

GAFA(ガーファ)という言葉を知っているだろうか。グーグル、アップル、フェイスブック、アマゾンといった、サイバー空間のプラットフォームを押さえた巨人たちだ。

彼らは、競争を押し潰《つぶ》し、周囲を飲み込み、いっそうの強大化、巨大化を続けている。既存の仕組みを破壊し、秩序を破壊し続けている。すでに業種・業界の壁もそこにはない。グーグルが自動車産業の脅威となり、アマゾンが物流業界を駆逐する。そういう時代がすぐそこまで迫っている。客こそが「神の手」となり、その果てることを知らない欲望を満たすために、さらなるサービスが生み出され、既成マーケットを飲み込みながら新しいマーケットを現出せしめ、巨大な顧客基盤を築いてライバルを蹴散《けち》らしていく。

一社で、一つの事業で、ネット時代が生んだこの巨竜たちに対抗するのは不可能だ。まして日本企業は、戦後七〇年が経過し、制度疲労を起こしている。ヒエラルキー型の組織、社内権力闘争に明け暮れ排他的な企業構造、国内偏重でダイバーシティ（多様性）に欠けた企業文化が、ＧＡＦＡやその後を追う企業群との競争を困難なものにしている。例えば出版業界、書店業界が、アマゾンの悪口を言いながら、まったく対抗できず、かつ、自ら企業文化・組織・事業のイノベーションを起こすこともできないままに、お客は結局アマゾンを選びその巨大化がいっそう進む、といった構図だ。

さらに、かつて日本企業が優位性を保っていたモノづくりも、新興国に次々キャッチアップされ、白物家電は身売りしか方策がない状態だ。

私は、これまで五〇〇人以上の大企業の経営者に会い、インタビューを重ねてきた。同じような企業組織でありながら、なぜ、「成功する企業」と「そうでない企業」に分かれるのか、「成長し続ける企業」と「一代で霧散する企業」とに分かれるのか、それを知りたいと思う一心からである。

例えば、薬の小売りから始めた事業を日本の流通革命にまで押し上げ、最後に破綻《はたん》して一代で散ったダイエー創業者・中内㓛《なかうちいさお》を、その死まで間近に見続けた。ファーストリテイリングの柳井正《やないただし》のように、「ユニクロ」を一九九八年の東京進出からわずか一六年で世界のトップを狙《ねら》うアパレル企業に成長させ、これから「成功の継続」が問われる経営者も持続的にウォッチしている。

その一方で、サラリーマン経営者も数百人という単位で見てきた。普通に大学を卒業して、ヒラ、課長、部長、役員と組織を駆け上がり、先人の進めてきた事業を引き継いで数千人、数万人の社員を束ねる。これは相当な難事業である。

たくさんの企業の成功・失敗に接してきて、私は成功する企業には必ず共通項があるはずだ、共通する条件があるはずだと考えるようになった。その共通項なり、条件は何なのか。「解」は、企業を導く経営者自身にあると考えた。経営者次第で会社は変わるという確信を持ったのである。

そこで、私は、経営者に焦点を当て、ウォッチを続けてきた。

経営者こそが企業の成否を左右する最大の因子――この問題意識は、巨大な企業がより巨大になり、みずからの経済圏を構築してマーケット全体を飲み込もうとする中にあって、いっそう強くなっている。

拙著『会社の命運はトップの胆力で決まる』（講談社）では、経営者の胆力の在《あ》り方を掘り下げた。過去の成功体験を否定し、前任者を否定し、会社の在り方を否定する。変化するビジネスシーンにおいて、変わり続けない限り存続はできない。それは、過去、常識、慣習を覆《くつがえ》し、イノベーション（革新）を継続して行うことに他ならない。それができた人材こそ「経営者」であり、その源は「胆力《たんりょく》」であると書いた。

前著『「使命感」が人を動かす――成功するトップの絶対条件』（集英社インターナショナル）では、さらに、「胆力」、言い換えれば「覚悟」の源泉に迫った。それは、「使命感」に違いないと書いた。使命感とは、「世のため、人のため」、「顧客のために尽くす」という思想からくる思いだ。

そして本作では、現在を「カオス（混沌）の時代」、言い換えれば、先の見えない「危機の時代」と捉え、その中で経営者自身がいかに危機を克服し、乗り切って、持続的成長を実現しているかに焦点を当てた。

成功する経営者は、好不況にかかわらず、成果の良し悪しにもかかわらず、常に危機感を抱いている。その危機感はもちろん、目先の業績の良し悪しというような小さなものではない。右で述べたような根本的な産業構造の大転換に放り込まれ、答えがない中で、次なるビジネススタンダードでは自社の存続が根本から危うくなる可能性を間近に感じての危機感だ。今期を乗り切るのではなく、五年後、一〇年後、自社がマーケットから強制退場させられる事態を回避し、存続するためには何が必要か――見つめるのはただその一点だ。

本書で登場する一六人の経営者は、いずれもそんな大きな問題意識を抱きながら、今日という一日のマネジメントに挑み続ける経営者ばかりだ。

日本航空社長の植木義晴《うえきよしはる》が、社長就任以来、社員との間のコミュニケーションに心を砕いているのは、「現場中心の会社」に作り直さなければ、再び倒産するという危機感があるからだ。さらに、三越伊勢丹ホールディングス社長の大西洋《おおにしひろし》が百貨店の常識を覆す、サプライチェーン（開発・製造工程から販売までの全プロセスのつながり）の川上に入り込む、独自企画商品や、SPA（製造小売業）商品などの「仕入構造改革商品」に心血を注ぐのは、リスクを取る商売をしないと成長できないという危機感があるからだ。

また、複合事務機業界「万年Bクラス」の意識を変えるため、勝算のある一部分の事業でトップを狙う「ジャンルトップ戦略」を展開するコニカミノルタ取締役会議長の松崎正年《まつざきまさとし》、「メガヒット商品の派生品は出さない」というビール業界の常識を打ち破り、「スーパードライ」の派生商品を次々投入したアサヒグループホールディングス社長の小路明善《こうじあきよし》、三井住友海上（MS）とあいおいニッセイ同和（AD）の経営統合の統合効果を高める「グループ機能別再編」を決断したMS&ADホールディングス社長の柄澤康喜《からさわやすよし》なども、常に危機感を抱き続けている。

常在戦場――。今ほどこの言葉が適した時代はない。

いち早くその危機を察知し、合従連衡《がっしょうれんこう》を進めるのは、トヨタ、ＶＷ、ＧＭが世界№１を目指し、世界各地で熾烈《しれつ》な競争を展開する自動車産業がその最たるものだろう。文字通り、食うか食われるか、飲み込むか飲み込まれるかの激しい戦いは、今後いっそう激しさを増していくことは間違いない。

事実、日本では、二〇一六年一〇月、トヨタ自動車とスズキが業務提携を発表した。

私が驚いたのは、その際、トヨタ側は社長の豊田章男《とよだあきお》が出てきて、スズキ会長の鈴木修《すずきおさむ》と握手を交わしたことだった。トヨタの狙いは、スズキの持つインド、アジアなど新興国市場の開拓ノウハウの取得にある。スズキはインド市場では四〇パーセントのシェアを獲得、日本車№１となっているからである。

ここで重要なのは、豊田章男自ら出てきて、提携を世界にアピールしたことだ。スズキはトヨタの傘下に入るぞ、トヨタはインドをはじめアジアで攻勢をかけるぞ、といわんばかりに、〝攻めのトヨタ〟を世界にアピールしている。

ＶＷ、ＧＭと世界№１を争うトヨタは、これまで自前主義を貫いてきた。しかし、それにこだわっていては、変化のスピードに対応できない。他社との提携で、攻撃力を高めていかなければ競争に負けてしまうとの危機感を抱いている。ダイハツ工業、日野自動車の子会社化を皮切りに、いすゞ自動車、米テスラモーターズ、独ＢＭＷグループ、マツダと提携……「トヨタ連合」を構築しているのは、その表れである。

一方、スズキの狙いも、新しいマーケットで存続するためだ。ハイブリッド車、燃料電池車、電気自動車、自動運転車の開発が必要であるが、スズキ一社ではその能力も資金もない。かといって、このまま手をこまねいていたのでは、次世代自動車だけでなく、自動運転に必要な人工知能（ＡＩ）やＩＴ・ソフトウエア開発に乗り遅れ、市場からの撤退を余儀なくされる。トヨタの持つ先端技術が欲しい。鈴木修の危機感は想像に難《かた》くない。「どうやって生き残ろうか」という危機感ではない。「スズキが存続できるか否《いな》か」というギリギリの危機感である。

このトヨタ・スズキの提携発表とほぼ同時期に、日産自動車社長のカルロス・ゴーンは、三菱自動車を子会社化して、自ら会長に就任すると発表した。これで、日産は仏ルノー、三菱と三社連合で、世界の自動車市場で№５の立場に立つことになる。そこには、世界トップクラスを目指すゴーンの執念が見られる。と同時に、三菱を他社の手に渡したら、日産連合はたちまち劣位に追いやられるという強烈な危機感が透けて見える。

ＩＴ、ＡＩ、ビッグデータ、スマホ、ＳＮＳ……。社会の変化のスピードはさらに加速し、そうした変化への対応を迫られる。そんな中で、存続し、持続的成長を遂げることが可能な企業の経営者に共通した条件は何か。その多くが、危機を切り抜けた会社、あるいは、危機をチャンスに転化した企業ばかりであることに気づかされる。

本書で取り上げた全日本空輸や、ＭＳ＆ＡＤホールディングス、アサヒグループホールディングスといった企業の目覚ましい成果は、ピンチをチャンスとして活かした結果に他ならない。そうした企業の経営者に共通した最大の特徴は、危機の中でも、冷静さを失わないことだ。今までの何が悪かったのか。新しい方向性を考えるに当たり、自社の持てるものの中で、何が使えるか冷静に見つめている。慌ててこれまでのすべてを否定し、規律を失い、業界内の横並び的行動に身を委ねてしまうような愚かなことはけっしてしない。

その一方で、危機に追い詰められる前に、常日頃から社内の危機感を煽《あお》る文化を持つ企業もある。

衰退する企業は、かつての日本航空やシャープなどのように、危ないときでも、「うちは絶対に潰れない」と社員が信じ込んでいることが多い。そういう企業に限って、経営者は「社員が危機感を持ってくれない」と嘆く。

「危機感を持て」と社員にだけ言ってもダメだ。危機感を持つには、会社の有する問題を社員が絶えず顕在化させ、それを皆で共有していなければならない。「問題の見える化」の常態化だ。そうやって、問題点を早く顕在化させる能力が備わっている組織は強い。

悪い情報が上に上がりやすい企業は、危機感を鼓舞しやすい。企業が存続の危機にあることを顕在化させる文化があるかないかは、存続する企業とそうでない企業の大きな分かれ目となるのである。

そうやって概観した結果、存続するための闘いを繰り広げ、なおかつ成長を続ける企業の経営者は、三つの共通した特徴を持っているという結論に達した。

一つ目は、自分の頭で考えて考え抜いていること、二つ目は、「胆力」があること、三つ目は、現場体験を持ち、常に現場感覚があること、である。これら三つの条件は単独で発揮されるものではなく、交じり合いながら発揮される。研ぎ澄ました現場感覚で、考えて考えて考え抜き、最後は胆力で決断するといった具合だ。

まず、経営者が自らの頭で、考え抜くことだ。

成功している経営者は常に論理的である。個々の業界には、「常識」や「通説」が多々あり、業界パイオニア企業の成功の形がある。これらを無批判に受け入れてはいけない。本当に自分の頭で考え抜くことが大切なのだ。

例えば本書に登場する加賀電子会長の塚本勲《つかもといさお》は、「在庫を持たない」やり方を一貫してとっている。

ノン在庫は自らが走りながら考え抜いた確信的経営哲学だ。利点は、常に顧客の立場に立ち、新しい技術を提案する顧客第一の企業風土を生んだことだ。先に顧客の注文を受け、それをメーカーに発注する「受発発注システム」が前提となるため顧客の要望に応えることが持続の不可欠条件となった。

また、J.フロントリテイリング社長の山本良一《やまもとりょういち》は、旧来型の高コスト構造の百貨店経営から「新百貨店モデル」へ転換する一方、百貨店以外のウイングを広げる「マルチリテイラー（総合小売業）戦略」を展開している。これも論理的に考え抜いた結果である。

次に「胆力」を持つことだ。

これは、言い換えれば覚悟のことである。経営者の最大の仕事は決断を下すことだが、胆力も覚悟もない経営者は、決断を下すことができない。

経営トップは誰しも、「失敗したくない」と考える。しかし、新しいことに挑戦しなければ企業は変わらない。変わらないと、企業は潰れる。したがって、経営トップは、リスクを恐れずに絶えず新しいことに挑戦しなければならない。そのためには、失敗を恐れない胆力が必要となる。ビジョンや目標は誰でも描けるが、それを実現すべく行動するとなると、覚悟と胆力が要る。新しいことに踏み出すときはなおさらである。

最後に「現場力」を持つことだ。

成功する企業の経営者は、例外なく「現場・現物・現実」の三「現」を体感している。逆に、業績の悪い企業の中には、経営者に自社の事業についての知見が薄く、担当の役員や担当者任せで、判断を回避したり、決断が必要なときに先送りや部下への合議に逃げたりしがちだ。

改革を断行する経営者に必要なことは、その企業の事業についての現場感覚があること、つまり、事業に精通していることだ。

何も知らない外部の人間が、仮に何のしがらみがなかったとしても、新しい仕組みを作れた試しはない。

私はかつて、日産自動車社長のゴーンに「プロの経営者」について尋ねたことがある。すると、社内の人を知らない、会社の文化を知らない、事業を知らない人に、経営者が務まるわけがない――と明快に答えたものだ。外国人である日産自動車の社長が断言したことに、私は軽い衝撃を受けた。

成功する企業のトップに見られる特徴は、自社が取り組む事業の範囲を、十分理解している事業だけに絞り込んでいることである。

トップが現場を十分把握していなければ、鋭角的な意思決定ができなくなる。

それだけに、トップが現場の実体験を体感できていることは、企業経営にはきわめて重要だ。現場に自ら頻繁に足を運び、最前線の現場の生情報を肌で感じ取り、意思決定を行うことが不可欠である。


本書に登場する経営トップたちは、危機を突破し、今なお危機感を持って会社を改革し続けている。みな、それぞれの形で、自らの頭で考えて考え抜き、胆力、覚悟があり、判断の拠《よ》り所《どころ》を常に現場に置きながら、会社を動かしている。

会社を持続的に成長させてきた彼らの考え方、生き方が読者の方々の会社人生や生き方への指針となれば著者としてこれほどの喜びはない。


なお、本書は「夕刊フジ」（産経新聞社）に、「成功するトップ」と題して二〇一五年二月一三日〜二〇一六年一一月一七日に連載された記事を再構成・加筆したものである。「夕刊フジ」代表の勅使川原豊氏には貴重な紙面をご提供いただき、前著に続いてお世話になった。また、さくら舎社長の古屋信吾氏には、いろいろ貴重なご助言をいただいた。ともに心から感謝申し上げたい。

末筆ながら、登場した方々の敬称はすべて略させていただいた失礼をお詫びしたい。

二〇一六年一一月吉日

大塚英樹《おおつかひでき》

目次◉社長の危機突破法

第二章　岐路に立つ百貨店を大変革する「No.2シップ」

第三章　「サラリーマンの決意」が会社を救うとき

第四章　開発現場や傍流で培われた「率先垂範」

第五章　危機を好機に変える「幸福な成功者」

社長の危機突破法

——思考力・胆力・現場力

本書は夕刊フジに「成功するトップ」と題して、二〇一五年二月一三日〜二〇一六年一一月一七日に連載したものを再構成・加筆しています。

第一章　危機に立ち向かう「創業家の覚悟」

佐治信忠《さじのぶただ》　サントリーホールディングス会長

企業文化を死守し経営危機を克服した四代目

「企業文化継承」の強い使命感

持続的成長を遂げている優れた企業には、「オーナー経営者」と「サラリーマン経営者」の二つのタイプが存在する。

しかし、一般的に長寿企業となるとサラリーマン経営者の企業が多い。創業して間もない、比較的規模の小さい優れた企業は経営トップが強烈なリーダーシップを発揮して、一人ですべての状況を把握し、その一つ一つについて具体的な指示を下していく。そんなオーナー経営の優れた企業も、会社の規模が大きくなるにしたがって、成長を維持していくためにはサラリーマン経営に徐々に移行していくことを求められるようになる。

二〇一六年で創業一一七年を迎えた長寿企業のサントリーホールディングスはオーナー経営

を続ける数少ない企業だ。会長の佐治信忠（七一歳）は創業者鳥井信治郎《とりいしんじろう》、二代目佐治敬三《さじけいぞう》、三代目鳥井信一郎《しんいちろう》に続く四代目社長で、創業者の孫に当たる。

　優秀企業の多くがサラリーマン経営に移行する中、なぜ、同社は「オーナー経営」で持続的成長を成し遂げられたか。

　オーナー経営者の場合、サラリーマン経営者と違い、リスクを自分で取るという意味で、本気であり、そのためコミットメントは大きく、会社も指示に従って全社一丸となって努力する。宗家の使命の認識があり、会社はオーナー一人のものではなく、宗家の責任で会社をやっていくという認識がある。さらに、意思決定の責任所在が明確であること。決めるべき人はオーナーで、責任を取るべき人もオーナーだ。「使命感」はそこから生まれる。

佐治信忠

　したがって解は「企業文化継承」の強い使命感にある――。佐治がいかに〝オーナー経営文化〟の継承にこだわったか。二〇一〇年、物別れに終わったサントリーＨＤとキリンＨＤとの統合交渉の経緯をみれば明らかだ。

　合併比率について、佐治は対等合併を目指したのに対して、キリンＨＤは「一対〇・五強」とサントリーの企業価値はキリンの半分と評価した。それでは、サントリーの持株会社「寿《ことぶき》不動産」が新会社に占める株保有割合は経営の重要事項に対する拒否権を有する三分の一に満たない。オーナー経営文化を死守できなくなると思った。佐治が述懐する。「『ファミリーとしての結束が強いオーナー企業であること』は酒や飲料など事業の強みと並んでサントリーのコアコンピタンスでもあった。新しい統合会社を作るに当たり、オーナー経営の良さを残した会社にすることは譲れなかった」(「週刊ダイヤモンド」)

佐治は、安定した大株主がいて経営統合会社を動かしていくのが一番いいという。オーナーシップ経営を守ることは歴代社長の信念でもあった。今日まで引き継がれてきた象徴的な経営理念は、事業で得た利益を会社の将来への投資、お得意先・お取引先へのサービスにとどまらず、社会貢献にも役立てる「利益三分主義」。もう一つは、常に新しいことに挑戦する「やってみなはれ」精神。いずれも企業文化として埋め込まれている。

注目すべきは佐治の経営哲学だ。「会社は誰のものか」と言えば株主のもの。しかし、「誰のためのものか」となると「顧客である」と明快。顧客にとっての付加価値を持続的に提供することこそが会社の存在意義である。顧客に評価される企業は生き残り、評価されない企業は退出させられる。だから、顧客に評価される企業へと導く経営者と企業文化が生き残っていく。「利益三分主義」の実践は顧客に評価されて初めて可能となる。

「やってみなはれ」精神も歴代の社長が発揮している。創業者は赤玉ポートワインとウイスキー製造販売を開始、二代目はビール市場へ参入、そして四代目の佐治は総合酒類飲料、健康食品メーカーへと脱却させ、新たにグローバル企業へと挑戦し続けた。かつて佐治が言った。

「社長の大事な仕事は、社員に刺激を与えていくことと新しいことに挑戦する土壌をつくっていくことです」

オーナー経営者の下、新社長の新浪剛史《にいなみたけし》に挑戦させる。

「売れる商品がなくパニック状態だった」

企業が成長を遂げるためには革新が必要だ。革新なき成長はあり得ない。技術でいえば、アナログからデジタルへの変化。またブラウン管テレビから薄型液晶テレビへ、さらに携帯電話からスマートフォンへの変化……。これらの流れに乗り遅れた企業は、苦戦が続いている。

新しい製品の開発・販売をし、新たなサービスの提供を行い、安定した収益を上げる。その収益で社員の生活を守り、株主に還元し、先行投資を行い、社会に貢献し、社会から尊敬される企業になる。その原動力となるのは、社員の自発的、内発的な働きに他ならない。社員の高いモチベーションであり、現状を変えようとする熱意、成長への情熱なのである。

佐治は、二〇〇一年に社長就任以来、自分の考え方、意思を社員に自分の言葉で伝え、鼓舞し続けてきた。二〇一四年一月の社長挨拶《あいさつ》では「高い志と大きな夢を持って、『新しいこと、人のやらないことに挑戦する』ことこそ、サントリーの持ち味であり、強み。サントリアン一人ひとりがやると決めたら徹底的に行動し、やり切るという意気込みで取り組んで欲しい」。

佐治がよく使うキーワードは、「新しいことへの挑戦」、「やってみなはれ精神の発揮」、「高い志と夢を持て」である。佐治は、社員のモチベーションを向上させるのは、経営者の大事な役割の一つと考えている。社員のやる気を引き出し、仕事に対するやりがいを感じてもらえさえすれば、難題を克服でき、時機を逃さず事業を変革できると確信する。

一九九〇年代、経営危機に陥った同社が、危機をチャンスに転化することができた最大の理由は、商品の革新にある。社員の高いモチベーションから生じたことはいうまでもない。

同社は、一九八〇年代前半まで、「サントリーオールド」の驚異的な伸びで急成長した。ピーク時には、オールドは一二〇〇万ケースを販売した。しかし、その後ウイスキー市場は年々縮小、オールドは一九九〇年には三〇〇万ケースに減少した。稼ぎ頭を失った同社は危機に直面した。佐治が副社長に就任した一九八九年にはビールも医薬品事業も赤字だった。

佐治は、「売れる商品がなくパニック状態でした」と述懐するが、実際は危機の中でも、冷静さを失わずに自分で考えていた。今までの何が悪かったのか。自社にとって新しい方向性を考えるに当たって自分の持てるものの中で何が使えるか、冷静に見つめた。結論はイノベーション。新しい商品作りに挑戦することだった。それには、まず、大企業病に罹《かか》った社員の意識改革から着手しなければならない。

面白いのは、佐治の社員の鼓舞の仕方だ。佐治が言った。

「明るく、前向きなエネルギーを注入できるかどうかが勝負。会社が潰《つぶ》れるなんて言わない。新しいサントリーグループをつくるんだという気持ちを前面に出す。それに『働き方も変えよう』『もっとやってみなはれ』『悪しき官僚主義をぶっ潰せ』と前向きにエネルギーを注入し続ける。そうすると社員は動きます。大事なのは気合です。エネルギーと情熱を注ぐのです」

佐治は、全国を飛び回り、営業体制の革新を図るとともに商品開発の旗振り役を行った。前例や慣習にとらわれないで、新しいことに挑戦しようと檄《げき》を飛ばし続けた。そんな佐治の考え方、意思、熱意は、幹部社員から末端社員に至るまで全社に行き渡る。そして「全社革新」と呼ぶ体質改善活動へとつながるのである。

その結果、出てきたのが、缶入りコーヒー「BOSS」、発泡酒「ホップス〈生〉」など大ヒット商品だった。ミネラルウォーター、ウーロン茶、緑茶なども革新により競争力のある商品に育った。「ザ・プレミアム・モルツ」のヒットを契機に二〇〇八年にはビール事業を黒字化。ウイスキーも新たにジョッキで提供する「角ハイボール」をヒットさせ、市場を反転させた。常識にとらわれず、ただひたすら顧客の立場に立って考え抜いた成果だ。

社員のモチベーションを高めた〝佐治マジック〟こそ、オーナー経営の神髄といえる。

佐治流グローバル戦略

規模の拡大は直接競争力にはつながらない。しかし、規模を世界的水準にまで拡大しておかなければ、失敗したときに立ち直る力が弱い。規模が大きければ、リスクを和らげる緩衝剤の役割を果たしてくれるのだ。またコスト面、投資面で有利となる。M＆Aのメリットは規模の拡大につながることに加え、新たな手間をかけずに世界のすべての地域を最小限の労力でカバーできることだ。日本の企業は自前の海外進出からM＆Aによる企業融合の時代へと入っている。

佐治は、グローバル戦略としてM＆Aを追求し続けてきた。サントリーを世界的企業にするためである。過去、検討してきた案件数は一〇〇を下らない。主な買収例は九〇年のシンガポール健康食品会社、セレボス・パシフィック、一九九四年の英国ウイスキー製造販売会社、モリソン・ボウモア、さらに二〇〇九年にはフランスの飲料会社、オランジーナ・シュウェップス……。

ところが、いずれの買収もサントリーを世界的企業水準にまで拡大させるものではなかった。キリンHDとの経営統合の話も物別れに終わり、佐治のグローバル戦略に黄色信号が点滅し始めたと取り沙汰《ざた》された。

　そんな折、佐治は米蒸留酒メーカー、ビームを一兆六〇〇〇億円もの巨額で買収し、業界を仰天させた。社運を賭《か》けた〝大勝負〟に出たのだ。ビームは、売上高が三一四八億円（二〇一三年一二月期）、世界四位の蒸留酒メーカー。買収によりサントリーＨＤの蒸留酒事業は世界三位に浮上し、世界№1を目指す足掛かりとなった。記者会見の席上、懐疑的な記者の質問に佐治は言い放った。「決して高い買い物ではない。サントリーが世界に打って出るための最後で唯一のチャンス。ビームを買うためにはいくら必要なのか、という発想で買収を行った」

　サントリーＨＤは、国内酒類事業のうち蒸留酒部門の本社をシカゴの新会社「ビームサントリー」に移管した。蒸留酒事業のグローバル戦略を指揮する〝橋頭堡《きょうとうほ》〟をシカゴに築いたのだ。長年グローバル化を追求し続けてきた佐治の悲願でもあった。

　サントリーの国際化は、二代目社長佐治敬三時代から始まる。一九六二年にメキシコでウイスキーの合弁瓶詰工場を立ち上げ、一九六七年には米国現地法人、サントリーインターナショナル（ＳＩ）をロスアンゼルスに設けるなど、日本企業の海外進出への先駆けとなった。

　国際化の〝申し子〟として育てられた佐治信忠が国際感覚を身に付けたのは、慶応大学の卒業後に留学したカリフォルニア大学経営大学院時代だ。当時、ＳＩに顔を出していた佐治は「サントリーウイスキー」の販売が伸びないことを知った。一方で、メロン・リキュール「ミドリ」を発売すると売れた。ジャパニーズウイスキーは売れないが、カクテルは売れる。次は何をすべきか。答えは自社製品の販売に固執しない「M&A」だった。

佐治がSI社長に就任して最初に着手したM&Aは、米ペプシ・ボトリング・ベンチャーズ（当時ペプコム）の約二二〇〇億円の買収だった。当時、日本企業の買収としては最大規模だった。以来、M&Aによるグローバル化の追求を使命としてきた。

佐治の究極的な狙《ねら》いは、市場拡大だけを目的とする〝グローバル戦略〟ではない。サントリーを真にグローバルで、どの市場でも同じような強さを発揮でき、より多くの価値を生み出す企業にすることだ。そのためにはサントリーのアイデンティティー（独自の性質や特徴）を失わずに、グローバルに活動できるマルチカルチャー（多文化）の企業になること。それだけにビームサントリーの設立は、真のグローバル企業として世界に打って出ようとする佐治の「夢」の実現への大きな一歩となった。

創業者鳥井信治郎の口癖である「やってみなはれ」は利益至上主義ではなく、人を育て、事業を育てていくというサントリーの精神を表す。そうしたアイデンティティーとマルチカルチャーを両立させる〝佐治流グローバル戦略〟が始動する。

世間を仰天させた胆力

近年の経営トップは決断しないといわれる。決断することは、場合によっては自己否定、過去の否定につながりかねない。ビジョンや目標は、誰でも描ける。だが、それを実現すべき実行となると、覚悟と胆力が要る。新しいことに踏み出すときはなおさらである。

しかし、新しいことに挑戦しなければ企業は変わらない。変わらないと企業は潰れる。したがって、トップたる者、リスクを恐れずに新しいことに挑戦しなければならない。そのためには、失敗を恐れない胆力が必要となる。

佐治はどうか。二〇〇一年、社長に就任以降、不採算事業からの完全撤退、商品や事業のイノベーション（革新）の実行、さらに海外企業の矢継ぎ早の買収……。中でも二〇一四年に米ウイスキーメーカー、ビームを一兆六〇〇〇億円もの巨費を投じて買収したことなどを鑑《かんが》みれば、佐治がいかに胆力のある経営者であるかがわかる。

その評価を揺るぎないものにしたのが、世間を仰天させたローソンＣＥＯの新浪剛史の招《しょう》聘《へい》であった。佐治は、一八九九年の創業以来、初めて、創業家以外の社長を誕生させるという大胆な決断を下した。新浪は、三菱商事時代にハーバード大学で経営学修士を取得、三六歳で経営者デビューした。二〇〇二年、ローソン社長に就任以降、生鮮食品を扱う店舗の開発や医薬品販売など斬新な発想でローソンを成長軌道に乗せた。企業経営以外でも、ダボス会議に出席したり、政府の産業競争力会議の民間議員として積極的に発言したりして、よく目立つ外交的で華やかな経営者だ。そんな新浪に佐治は「馬力があり、若い。当社に新しい風を吹き込んでくれる」と期待する。

新浪は、オーナー経営の企業文化を経験していないうえ、海外企業の大型合併や経営の実績がなく、その経営手腕は未知数だ。業界の一部には社長を外部から起用する佐治のやり方を冷ややかに見る向きもある。しかし、佐治は、世間の耳目を驚かすための起用ではない、と気にしない。何よりも佐治には、「世界№1を目指す」という「使命感」があり、「夢」がある。夢の実現を目指すという意思がサントリーの成長の根源にある。「ビーム買収」も、「新浪起用」も、そうした夢の実現へ向けての佐治の覚悟と胆力の表れと言える。佐治の胆力は、「使命感」から生まれているのだ。

創業者の鳥井信治郎も、二代目社長の佐治敬三も、「任せる」という、もう一つの胆力を持ち合わせていた。信治郎は敬三が「ビール事業に参入したい」と言うと「やってみなはれ」。敬三も、佐治が「米国ではＭ＆Ａに力を入れたい」と言えば「やってみなはれ」と挑戦させた。

その言葉は、経営者の胆力を示す言葉でもある。佐治はそんな胆力がある敬三に育てられた。佐治がカルフォルニア大学経営大学院で学んだのも、その後ソニー商事へ入社したのも、佐治の意思に任せた敬三の胆力があればこそである。

佐治が胆力を最初に表した場所は米国だった。一九七九年、米国法人、サントリーインターナショナルの社長に就任した直後、メロンリキュールの「ミドリ」を売る決意をした。一九六二年から開始していたウイスキーの現地販売は、年一〇〇〇ケースにも届かず、閉塞《へいそく》状況に陥っていた。そこで佐治は、ミドリに注目、ウイスキーに投入していた販売原資をミドリに充《あ》てる決断を下した。ウイスキーを売ることを使命としていた現地の先輩たちは反対した。佐治は敬三に報告した。「大事なのは米国で五〇〇億、一〇〇〇億円の事業を行うこと。売れる商品に賭けたい」。敬三の返答は、「やってみなはれ」だった。

次の決断は、一九八〇年、ペプシコのボトラーズ、ペプコムの買収だった。このときも、敬三は佐治に任せた。それ以降、佐治が米国戦略をM＆A中心に進めることができたのはこうした敬三の胆力ゆえだった。

今後は佐治が新浪にどこまで「やってみなはれ」が言えるか。新たな胆力が試される。

強い意思で不採算事業の整理を断行

成長する企業の経営者に共通するのは、自分の理念やビジョンを社内に徹底させていることだ。では、どうやって徹底させているのか。

条件は二つある。一つは、経営者が理念や方向性を自分の言葉で粘り強く、繰り返し語り続けることである。愚直に自分の理念やビジョンを、自分の言葉で何度も何度も、言葉に出して伝え続けることが、経営者が社員に本気を伝える唯一の方法なのである。もう一つは、経営者が言行を一致させることだ。すなわち、自分の言葉で表現した自分の理念や方向性通りの会社運営を実行すること。つまり、理念、ビジョンを形骸化させないことである。

佐治の求心力の強さは、単にオーナー経営者であるからという理由だけではない。サントリーの理念やビジョンを社内に徹底しているからでもある。社長就任以来、「人と自然と響きあう」という理念や、ビジョン「お客様に最高品質の商品・サービスをお届けし、世界の生活文化の発展と持続可能な地球環境の実現に向かって企業活動を推進する企業グループを目指す」を自分の言葉で、何度も繰り返し語り続けている。

例えば――。「われわれのDNAは新しいことに挑戦する『やってみなはれ』。たえざる『挑戦』と『創造』の歴史をこれからも創り続けていく」、「勝ち残っていくためには『やってみなはれ』に満ちあふれる大革新を、スピードを上げて進めなければならない」、「『利益三分主義』の基本理念に基づき、社会福祉活動を進め、文化活動を積極的に行っていく」、「われわれの基本は品質。お客様を感動させる圧倒的な美味《おい》しさ、徹底的な品質向上、飲用時品質に挑戦していく」等々。

佐治はかつて私に、「私は同じことを一〇〇回でも一〇〇〇回でも言い続ける」と語った。佐治は、トップが同じことを何度も言えば言うほど、トップの本気が社員に伝わることを知っている。社員は常にトップの本気をみているのだと。

もう一つは、言行一致。佐治による企業改革の特筆すべき点は、まさに言行一致の断固たる実行にある。佐治は社長に就任すると、「選択と集中」を積極的に進めた。そのため、利益体質にすべきとの強い意思を持って、レストラン、リゾートゴルフ場、出版社、医薬……の各事業からの撤退を実行し、不採算事業を大幅に整理した。その結果、社長就任四年間で、約二四〇〇億円の有利子負債を返済している。ここで重要なのは、佐治は自社が取り組むべき事業の範囲を明確に認識したうえで、事業整理に着手していることだ。

一方、財務体質の強化には、不採算事業からの撤退と並び意識改革、組織・機構改革、営業革新が貢献した。佐治が重視するのは、利益率だ。日本企業が欧米企業に比べて利益率が低いのは、利益よりも販売シェアを重視するからだという。

「振り返ると親父（佐治敬三）の頃も、あまり利益のことを言わなかった。マスコミもビールのシェア競争を中心に報じる。もう少し利益率についてメーカーも流通もお互いに上げていくことが大事です。サントリーも、売上高経常利益率をグローバルの最低基準である一〇パーセントに到達させなければなりません」

過去、サントリーには、どのような事業であっても、売り上げを上げれば、その結果利益が後からついてくるという考え方があった。そこを佐治は、まず利益から入ることに転換した。利益を出すために、強い事業をつくる。強い事業にするために強い商品をつくる。そのためには徹底したイノベーションを行う、というように逆の発想を植え付けたのである。その結果、「ザ・プレミアム・モルツ」「天然水」「ウーロン茶」「伊右衛門」などヒット商品を続出させ、強い事業を構築したのである。

他にも、「グローバル化はM＆Aを中心に推進する」と宣言し実行したことなどから、佐治が言行一致の経営者であることは間違いない。

ヒット商品を生んだ権限移譲

本来、日本の企業の強みは、「集団力」「チーム力」にあるはずだった。企業のほとんどがチーム力によって世界を相手にしてきた。ところが、近年、日本企業のチーム力の低下が指摘されている。理由は、急激なグローバリゼーションの進展にあるとされ、中途採用組が急増したことに加え、成果主義の導入で部署全体よりも「個」の評価に重きを置かれるようになったからだというのだ。しかし、チーム力は成長を遂げるために不可欠な条件だ。現に私の会った優秀企業の経営者の多くはチーム力の必要性を強調している。

佐治は、一九九〇年代前半のサントリーの経営危機を苦労して克服してきただけに、「チームワーク力」がいかに重要であるかを認識している。一九八〇年代後半からの主力商品「サントリーオールド」の販売激減で危機に陥った際、当時副社長の佐治は、「新しいことに挑戦しよう」と檄を飛ばす一方、社員の意識改革、組織機構改革を行った。佐治が語っている。

「当時、〝三つの打破〟を訴えました。一つ目は危機感の欠落。二つ目は前例主義や悪しき官僚主義によって起こる無責任。三つ目は敵愾心《てきがいしん》、闘争心の欠如。この悪の三本柱を切り倒し、一丸となって前例のない新しい分野に挑戦し、大きく成長していこうと言ったのです」

佐治は社員の士気を高めるため、自ら現場との連絡を緊密にしようとした。とりわけ、佐治が心がけたのは、商品開発力の強化であった。新たな商品開発チームは、各事業部の社員を中心に、デザイナー、研究所の研究者、宣伝部などから成り、大きな権限を与えられていた。佐治は、チームが自由に新しいことに挑戦できるよう、社長から各事業部長へ、各事業部長からチームへと権限を委譲した。

「なんじゃこれ。こんなんで売れるんか」「大丈夫です。やらせてください」「しゃあない。やるだけやってみろ」

二〇〇〇年発売の機能性飲料「ダカラ」のプレゼンテーションをした際の、佐治と食品事業部の開発チームとのやり取りだ。商品開発は事業部に任せているので、どんな商品が出てくるかはふたを開けるまでわからない。佐治は納得すれば良いと言うし、気に入らなければ文句を言うし、押し返すこともあったが、「チームの研究者や社員は頑固でなかなか譲らない」と佐治は語っている。

そんなチームから生まれたヒット商品が、缶入りコーヒー「ＢＯＳＳ」「ザ・プレミアム・モルツ」「黒ウーロン茶」「伊右衛門〈特茶〉」などである。

特筆すべきは、チームの議論には、事業に関する権限と責任を負わされた事業部長さえ関与しないことだ。当時、議論の結果を事業部長に報告するのは、年三回のプレゼンテーションの機会だけだった。

チーム力発揮の要因としてはまず、サントリーファミリーともいうべき連帯感があること。さらに、ＰＤＣＡ（プラン、ドゥ、チェック、アクション）が回っていることと、部門間の横のコミュニケーションがスムースに行われていることがあげられる。特に大事なのは横のコミュニケーションが取れていることだ。その秘訣《ひけつ》はジョブローテーションにある。若手は、原則として入社後の一〇年間で複数の部署を経験させる仕組みだ。中堅になっても、さまざまな部署を経験するうちに、社内での人脈が広がり、発想も豊かになる。その結果、事業部間の風通しがよくなる。同社の部署間の連携がよいゆえんである。

さらに、同社には従業員の創意工夫と自主性を重んじる風土がある。若いうちからやりたいことをやらせてくれ、自由度も高い。また、上下関係の隔たりも、格式ばったものはない。第一、役員の個室もない。個室を持っているのは会長、副会長、社長だけだ。

そんな企業風土のサントリーだからこそ、「チーム力」を維持することができるのである。

小林一俊《こばやしかずとし》 コーセー社長

同族企業の強みを生かし弱みを改革する三代目

創業以来の伝統、四つの「社長決裁」

オーナー経営者には創業家の「使命」の認識が強い。コーセー社長の小林一俊（五四歳）も、創業家の責任で会社をやっていくという認識がある。

コーセーは、小林の祖父、孝三郎《こうざぶろう》が創業した化粧品会社。一九九九年に上場しているが、オーナー家が株式の過半数を保有する同族企業である。

小林は創業家三代目の当主である。コーセーの二代目社長は小林の父親で、孝三郎の二男禮《れい》次郎《じろう》、三代目社長は五男の保清《やすきよ》（現名誉会長）。四代目社長が二〇〇七年に社長就任した小林だ。

小林が今、最も腐心しているのは、創業家の「使命」である〝モノづくりにこだわる企業文化〟の継承だ。

「私がよく言うのは、会社として〝守るべきもの〟と時代の変化に応じて〝変えるべきもの〟を分けることです。合理化、効率化は追求します。経営手法はロジックに基づいて変えていく。しかし、モノづくり企業としてのこだわりは守り抜きます」

守る典型例は、「香料」「パッケージデザイン」「宣伝」「マーケティング」の四つの「社長決裁」だ。創業以来の一族の伝統である。

特に、化粧品の香りを決める「香料決裁」に臨む一族の気合にはすさまじいものがある。会議室のテーブルに並べられた試作品のサンプルを、小林と保清の二人が一つ一つ手に取り、香りを嗅《か》いでいく。禮次郎は他界する直前まで「社長決裁」に出席し、香りにこだわってきた。納得できる香りがサンプルになければ、試作品は研究所に突き返される。小林が私に語った。

「香りの選択は、創業家の専管事項と決めています。においは、感覚的なもの。やっぱり家族だから共有できる感性の部分がある。経営陣の記憶の中に、香りの違いによって、売り上げがどうだったかという経験が刻み込まれるのです。うれしいのは、お客様に『コーセーの香りはある一定の範囲内に収まっていますね』と言われていることです。伝統が生きている証《あかし》です」

経営の継承力は、一族の独特の感性が遺憾なく発揮される「デザイン決裁」にもみられる。例えば、二〇〇五年発売後、累計で約六〇〇万本を売る大ヒット商品となった美容液「アスタリユーション」。肌の老化を引き起こす活性酸素を除去する効果で、幅広い年代の女性から支持を集めた商品だ。そのパッケージをどんなイメージのものにするか。意見は、高い効果が売り物の商品だからという理由で「薬ビン」型のパッケージと、商品名の頭文字「A」をモチーフにしたオレンジ色の斬新なパッケージの二つに割れていた。社内アンケートでは薬ビンのアイデアが圧倒的に優勢だったが、デザイン決裁でオーナー一族が選択したのはオレンジ色の方だった。「売れると予感させる何かがあった」と小林は言う。過去、経営陣の厳しい目を一発OKでくぐり抜けたデザイン案は一つもない。

化粧品は料理に似ているという。同じレシピでも、作る人によって、鍋《なべ》の温度、混ぜる瞬間の火の強さなどによって、違う料理に仕上がる。化粧品も、香料、デザイン、宣伝、マーケティングの感性が非常に重要な要素だ。

小林一俊

「そうした決裁をトップがコミットしていく。それができるのも、当社は代々創業家一族がトップで、社長が短期間で代わらなかったからです。DNAを継ぎやすい環境だったかもしれません。長い間、同じ経営者が社長決裁に出ているので、ぶれたりしません」

最近のコーセー商品の好調ぶりを見ると、小林がマーケット志向をつかむ鑑識眼と現場感覚を持ち合わせていると言える。では、マーケットの感覚、現場感覚はどうやって培っているか。

小林自身、美容液を一年中使っている。競合他社の商品から海外で買った日本未発売の商品に至るまで試す。「日々化粧品に触れていると、質感、香り、使い心地などが何となくわかってきます。香りの訓練と一緒で、使用感とか、肌残りとかの違いもわかるようになります」と言う。さらに、女性の心理をつかむ努力もしている。同社の美容部員はもちろん、販売店の夫人、美容ジャーナリスト、それに飲食店の女性スタッフなどにも聞き回る。

数々の構造改革、事業改革を断行

同族企業の二代目、三代目経営者にはおよそ三つの類型がある。一番目は、先代を尊重し、先代の考え方、やり方を踏襲する。二番目は、先代に反発し、先代と違う考え方、やり方で経営を行う。三番目は、先代を尊重し、理念や考えは守るが、やり方は変える。このうち、持続的成長を遂げる企業の経営者に多いのは、三番目のタイプである。創業理念を継承し、その理念の実現に向けて事業を革新する。そのためには経営手法を変えることもある。それは同族企業のオーナー経営者だけでなく、一般企業のサラリーマン経営者の場合にもあてはめて言うことができる。

創業家三代目の小林も三番目のタイプだ。コーセー発展の礎《いしずえ》を築いてきた二代目で、父親の禮次郎を尊敬し、禮次郎の掲げた理念「世界に通用する化粧品会社を目指す」の実現に向けて、全社一丸となって進めることに力を注ぐ。

それは、社長就任以来、小林が断行してきた数々の構造改革、事業改革をみればうなずける。まず、ブランド事業部制の導入。カウンセリングブランドに特化した「セレクティブブランド事業」、マス市場向けブランドを展開する「コンシューマーブランド事業」、コーセーを冠させないブランド展開する「戦略ブランド事業」の三つの事業部制を構築し、事業部の中で、企画開発、販促、営業が一気通貫で完結する体制にした。さらに、取引店の精鋭化、営業体制の最適化を図るため、取引店を三分の二に絞り込む。また、商品のロングセラー化、商品寿命の適正化を図るため、ブランド、商品数を大幅に減らした。

他方で、〝攻めの事業改革〟も行う。ネット販売への挑戦をはじめ、男性化粧品への参入、欧米市場への進出など新たな事業領域、海外市場への取り組みを行っているのだ。

小林は、判断の拠り所《よりどころ》を消費者、顧客の目線に求める。今提供している商品やサービスは正しいか。「正しい商品」「正しいサービス」は誰にも読めない。商品がヒットし、あるいはサービスが利益を出して、初めて「正解」と言うことができる。「解」は常に、消費者、顧客、マーケットに握られていることを小林は知っている。小林が禮次郎の時代に「正解」が得られた商品やサービスの誕生ストーリーに強くこだわるのは、そのためだ。

小林は禮次郎から何を学んだか。禮次郎は、一九五一年、大学を卒業すると、創業六年目のコーセーに入社した。孝三郎の求めに応じて応用化学科に入り、理科系の大卒第一号として入社している。同社の研究開発を主導し、世界で初めて美容液という分野を生み出しただけでなく、水乾両用の画期的なファンデーションなど、業界初の商品を次々と開発した。また、優れた品質の化粧品作りを目指したQC（品質管理）活動の展開、さらに狭山工場と群馬工場という業界屈指の規模を誇る生産設備の充実など、メーカーとしての成長発展に主導的役割を果たしてきた。

小林の品質へのこだわりは、モノづくりに情熱を注いできた禮次郎から大きく影響を受けた。「香り」「デザイン」の社長決裁の継承はその典型例だ。さらに小林が禮次郎から学んだのは、経営者としての粘り強さ、強い意思だ。それはフランスの大手化粧品会社、ロレアルとの提携交渉に表れている。

禮次郎は、一九六三年、美容向け事業を開始するため、ロレアルとの技術提携を締結、コーセーはロレアル五〇パーセント出資の折半出資会社となる。コーセーが美容業界でトップシェアを獲得するまでに育った背景に、禮次郎の、世界一の化粧品会社と対等な関係を維持するという決意に基づくタフ交渉があった。

「ロレアルは、四年に一度の更新のたびにマジョリティを寄こせと言ってくる。コーセーを買収したいと言わんばかりでした。ロレアルと対等な関係を維持することができたのは父のおかげです。父は、提携を解消する一九九六年まで三十数年間、歴代三人のロレアルの社長と一人で交渉を続けてきました。その辛抱強さというか、負けない意志の強さは、見習わなければなりません」

大きな反響を呼んだＣＭ

経営には、ある種の思い込みが必要だ。「夢」と「志」を、経営者自身が持たなくてはいけない。しかし、いくらトップが一生懸命になっても、一人では夢の実現は不可能だ。これまで日本のカリスマ経営者がことごとく失敗してきたのは、夢や思い込みを自分の殻に閉じ込めてしまったからだ。トップの意思がトップに留まっている限り、会社は動かない。トップの意思が社員に伝わり、社員の意思へと転換され増幅されるから、会社は動く。

この転換装置となるのが私の言う「№２」だ。№２はトップの意思を下に伝え、下の思いをトップに伝える。トップに対する参謀機能と、社員に対する世話役機能の二つが同時に備わったとき、№２は組織の潤滑油として本当の威力を発揮し、企業を活性化させる主役となる（№２の役割や重要性については第二章で詳述）。

小林はかつて、社長を上手にサポートする№２の役割を果たしてきた。№２としての最大の貢献は、宣伝マーケティング革命を起こし、コーセーのブランドイメージを高め、存在感を示したことだろう。同族会社の中にも、一般企業と同様に№2を育て、№2に任せる胆力ある社長が存在することを明らかにしたまれなケースだ。

では、小林はどんな半生を送ってきたか。特徴は、創業者で祖父の孝三郎に影響されてきたことだ。小林は、一九八六年、慶応大学法学部を卒業後、他の会社への就職を考えていた。しかし、祖父から「どうせコーセーに入るなら、早い方がいい。すぐ入れ」と強く言われて入社した。小林が言う。

「祖父は丁稚奉公《でっちぼうこう》から化粧品業界のことを学んだ人で、父禮次郎も理系入社第一号として創業時から研究を担当し活躍したので、私にも下積みから経験して欲しかったのでしょう」

また、入社後一年半、営業担当常務の「かばん持ち」として北海道から沖縄まで全国の化粧品販売店を回ったのも、祖父からの指示だった。その常務は、一緒に連れて歩く小林を取引先に「社長の息子だ」と伝えなかったため、「取引先は、まったく構えていません。さまざまな激しい言葉を浴びせられました」と小林は苦笑する。

小林が〝№2シップ〟を発揮し始めたのは、入社五年後の一九九一年に宣伝部長になったときだ。入社後ずっと「ブランドイメージを上げよう」と訴え続けてきた結果、父親から「生意気なことを言うなら、お前がやってみろ」と指名されての就任だ。

当時のコーセーは、ファンデーションやスキンケアには強かったが、口紅などポイントメークは弱く、若い人を取り込めていなかった。流行を消費者に届けられる会社に変えていかないと将来はない。そこで小林が手掛けたのは、近づいても毛穴が目立たない新しいファンデーションのＣＭだった。コンセプトをわかりやすく伝えるため、唐沢寿明《からさわとしあき》と当時新人だった水野美紀《みずのみき》がキスする大胆なＣＭをつくった。水野美紀が「ねぇ、チューして」と語りかけるＣＭは大きな反響を呼び、一〇代、二〇代の顧客が一気に増えた。

新たな顧客層の開拓に成功した小林は、宣伝部の戦略と体制を見直し、広告を自社で制作するなど、改革を続けた。宣伝部の部風は変わった。社員一人ひとりが自分の頭で考え、自分の責任で仕事を回し、自発的に課題を発見して解決しようとする風土ができつつあった。社内に活気が生まれ、社員の士気は一層高まった。

そんな自らの体験に基づいて策定したのが管理職の心構え「マネジメントスタイル一〇則」だ。「勇気をもって決断せよ」――自ら考え、自らの意思で決断し、責任を負う覚悟で業務に臨む。「先頭に立って挑戦せよ」――自ら積極的にチャレンジする……など。それは図らずも、私が拙著『続く会社、続かない会社は№2で決まる』（講談社＋α新書）に№2を育む条件として掲げた一二項目に共通するものだ。

新製品依存体質からの脱却でV字回復

成長を遂げる企業の経営者に共通するのは、「危機をチャンスに転化すること」である。危機だからこそ、新しいビジネスを構築することができることを実証している。危機の中でも、今までの何が悪かったのか、新しい方向性を考えるに当たって、自分の持てる経営資源の中で何が使えるかを冷静に自分で考え抜いている。

小林は、実際の危機に追いつめられる前にも、自己満足を嫌い、常に危機感を煽《あお》る。そして、危機の先駆けとなる会社の問題を早いうちに顕在化させ、全社に共有させることによって社員に危機感を植え付ける。

小林が行ったブランド事業部制の構築、取引店の精鋭化、ブランド・商品数の絞り込み、原価の適正化などの改革はすべて危機感から出発し、冷静に考え抜いてきた結果だ。

では、小林はどのような現象に危機感を持ったのか。

例えば、ロングセラー商品の「雪肌精」。雪肌精は、一九八五年販売開始以来、売り上げは順調に伸びてきた。ところが、二〇〇三年度（二〇〇四年三月期決算）から売り上げは下向し始め、二〇〇六年度には、ピーク時の八五パーセントにまで減少した。

小林が最初に危機感を持ったのは、二〇〇〇年から二〇〇五年までの売り上げの異常な伸びであった。そこには危機の先駆けとなる潜在的な課題があると考えた。要因は、その頃から雪肌精の主販路となりつつあったドラッグストアの急激な多店舗化にあった。その店舗数増加に乗じて、出荷数を拡大させていたのだ。

「当時、会長（禮次郎）は、『苦労せずに売り上げが上がるのは不思議だ』とよく言っていました。しかし、それは消費者に売った売り上げではなく、店の棚に入った〝売り上げ〟でした。ドラッグストアの店舗数増加に伴う出荷量の増加に過ぎなかった。その証拠にドラッグストアの新規出店が一段落つくと、売り上げは下がりました」

コーセーは、ドラッグストアでの売り上げの伸び悩みに対処するため、雪肌精の他に新製品を出し続けた。その結果、商品・ブランド数は急速に増えていった。

小林が問題視したのは、既存品を育てることよりも、新製品を出すことで売り上げを確保しようとする企業風土だった。新製品依存体質から脱却しないと、立ち行かなくなる。新製品への依存→商品寿命の短期化→新製品への過度の依存、という負のサイクルを断ち切る必要がある。このままでは返品処理で利益を圧迫し、ますます劣勢に立たされる。小林は危機感を募らせた。

二〇〇七年、社長に就任した小林は、さっそく雪肌精の巻き返しを図る。「雪肌精はわが社を代表する商品だ。テレビ広告をして販売を強化する」と宣言、女優の松嶋菜々子《まつしまななこ》を起用したテレビＣＭを敢行した。成果は上がり、二〇〇七年度の売上高は、前年度に比べ十数パーセント増加した。

同時に小林は、①商品の絞り込み、②ブランドの整理、③既存商品のロングセラー商品化などに取り組む。さらに、前述した通り、売り上げの多寡に応じた販売支援を行う取引店の精鋭化。また、営業部隊への評価も、店頭への納入額から実際に売れた販売額へ切り換えるなど改革を行った。

とりわけ注目すべきは、販路を分けたブランド事業部制を構築したことだ。カウンセリング接客を行う「セレクティブブランド事業」は専門店、百貨店に特化、セルフ販売を中心とする「コンシューマーブランド事業」はドラッグストア、スーパーに特化するといった具合だ。

一連の改革の成果は、二〇一一年度から二〇一四年度の三年間で、全売上高で約一五パーセント増、営業利益で約九八パーセント増というV字回復に表れている。

〝社員化〟への危機感

企業にとっての至上課題は、持続的な成長である。永久に成長を続けることだ。そのため、企業は何をすべきなのか。持続的な成長を遂げる企業風土になっているか。土壌が改良されているか。種まきが行われているかが問われるのだ。

では、そのために何をすべきか。小林は、コーセーの持つ基本的な強みや維持すべき点と、変革が必要な点とを明確に区別し、コーセー本来の強みを活かし、弱みをなくしていくことと考える。強みは、同族企業であること。同族企業ならではの独特の〝伝統文化〟〝こだわり文化〟〝職人文化〟といった企業風土が醸成されている。弱みは、上を見て仕事をするヒラメ型社員や指示待ち型社員がはびこり、自分の頭で考え、自分の責任で仕事を行う社員が少ないことだ。

「昔は、原料や基材の取引先企業も、コーセーのファミリーであることに誇りを持ってモノづくりをしていた。また、ウチにも一つのものを作り上げるのに何年もかける職人肌の研究員やデザイナーがたくさんいたが、いずれも組織が大きくなり、分業体制になると〝社員化〟してしまった。そういう変化に危機感を覚え、私は当時社長の父（禮次郎）を引っ張り出して、何度も商品開発研究所にハッパをかけに行ったものです」

同社がかつて「美容液」「パウダーファンデーション」など業界初の新商品を続々と誕生させたのは、同族企業としての強みを遺憾なく発揮することができたからである。

〝商品へのこだわり文化〟の復活を目指し、小林は今、社員を鼓舞し続けている。二〇〇八年から始めた「アイデアコンテスト」がそれだ。全社員に幅広くアイデアを募集し、新製品の開発につなげていく。商品化されたアイデアはないが、「ビューラー一体型マスカラ」「溶ける洗顔ネット」「着脱半永久的つけまつげ」などユニークなものが選ばれている。

また、二〇一三年から始めている体験型イベント「ビューティフェスタ」も、社員に直接顧客の声や反応を聞かせ、社員の士気を鼓舞することが目的の一つだ。

小林は言う。

「私のこだわりは、まずモノづくり。お客様に喜んでいただける商品を開発し、提供する会社へと導くことです」

同社の商品へのこだわりは、創業者孝三郎の掲げた「五大方針」の中にある。第一は「優秀商品の開発」、第二は「共存共栄、コーセー協約販売組織の開発」、第三は「正しきPR」、第四は「堅実経営」、第五は「人材育成」。順番はのちに替えられたが、当初は第一に、「優秀で、消費者に喜ばれる商品の開発」を掲げている。孝三郎は語っている。「得意先の意見もよく聞き、優れた商品をつくる。売れている日本の商品、世界の商品を絶えず研究し、それに負けないモノを創るという考え方である」（『化粧品ひとすじ―小林孝三郎伝』）

小林のこだわりは他にもある。全国の化粧品専門店との関係の緊密化だ。小林が五大方針の第二「共存共栄」にこだわるのは、問屋を通さず、直接小売店に卸す販売制度の確立こそが、コーセー発展の原動力であると考えるからだ。

小林が販売店との関係を大切にしているエピソードは枚挙にいとまがない。例えば、積極的に全国の店を回る他、自らが二〇〇八年に結成した化粧品専門店との親睦・勉強会「絆《きずな》の会」

を開催し、将来を議論し、対話を重ねている。二〇一四年からは店主の妻、娘を対象とした「絆の会・女子部」も開始した。象徴的な例は、東日本大震災のときの迅速な対応だった。化粧品会社の社長として最初に被災地に駆け付け、精力的に被災店舗を回り、店主たちを見舞い、励ましている。販売店との共存共栄を守り抜くという、小林の強い思いの表れであった。

前田《まえだ》伸《しん》　日本電波塔（東京タワー）社長

東京タワーを守る「メディア王」の末息子

「鉄塔を守ってくれ」という父の思い

二〇一六年一二月で五八周年となる「東京タワー」。復興を遂げ、活気を取り戻した日本の姿を象徴し、〝復興と発展〟のシンボルとして親しまれてきた。二〇一二年「東京スカイツリー」（東京都墨田区）の開業で、来場客の減少が懸念されたが、逆に来場客は増加している。

では、東京タワーを運営する日本電波塔社長の前田伸（五四歳）の経営手腕とは――。

「父は晩年、東京タワーは公のものという意識で見ていました。灯台のような、ありがたい存在になったと敬意を表していた。社会の中に存立し、世の中に支えられている特別の塔として崇敬の念を抱き、東京タワーを見て手を合わせていました」

前田は、創業者前田久吉《ひさきち》の末の息子だ。慶応大学法学部を卒業後、近畿大阪銀行を経て、一九九二年「マザー牧場」（千葉県富津《ふっつ》市）社長、二〇〇五年日本電波塔社長に就任。両社の経営を導いている。

そんな前田が心を砕いているのが、創業者の理念「常に人が集まる、『夢』と『感動』の観光事業」の継承とその実現だ。前田が開業以来初の大規模リニューアルを実施したのも、人気アニメ「ワンピース」のテーマパークの設置も、初のマルチメディア放送のサービスの開始も、そのためだ。その他、夜桜バージョンなど四季折々のイルミネーション、日本初の夜景とプロジェクションマッピングの融合、夏の「お化け屋敷」、エコをテーマにした「キッズ環境科学博士」など次々と新しいことに挑んでいる。来場客増加の要因である。

「人を集めるためには新しいことをやらなければならない」。久吉の言葉が頭から離れない。

前田 伸

久吉自身が企画マンだった。二五〇メートルの高所に設けられていたアンテナ点検作業台を「特別展望台」に変えたのを皮切りに、展望台での水着ショーの開催、「漫画似顔絵の会」の常設、蠟人形館開設と、久吉は時代時代に合わせて新しい企画を打ち出した。狙いは大衆を集めることにあった。前田は、「父は大衆を呼び寄せるような仕掛けをするのが得意な人でした」と言う。

久吉は、戦前に「新聞王」、戦後は「メディア王」となり、後に政治家も兼務することになる立志伝中の人物だ。一八九三年、大阪の貧しい農家に生まれる。小学校を出て呉服店の丁稚奉公をしていたが、米国で一旗揚げるために店をやめる。しかし、持病のため渡航を断念する。そんな折、母方の祖父母が営む新聞配達店を継いでほしいとの依頼を受ける。これが一大転機となる。久吉は一九二〇年夕刊紙「南大阪新聞」を創刊し、一九二三年「夕刊大阪新聞」と改題、その後四紙と合併し、一九四二年「大阪新聞」として発足した。一方、一九三三年「日本工業新聞」を創刊し、後に「産業経済新聞」（産経新聞）と改題した。久吉は両社の社長に就く。

戦後は、一九五三年から一二年間、参議院議員として活躍する。電波塔建設に思いを致したのは政治家としての使命感からだ。一九五五年頃、NHK、日本テレビ、TBSの電波塔が建てられ、その後もNHK教育テレビなど三局が開局を予定。東京は電波塔だらけになり、景観が損なわれる。郵政省は電波塔を一本化した総合電波塔化を検討した。久吉は、世界一の電波塔建設構想を提案し、採用される。

前田は、中学生の頃、八四歳の久吉から「タワーはだいぶ古くなってきた。もうここは変えたほうがいい、というところがあったら教えてくれよ」と言われた。その言葉には「鉄塔を守ってくれ」という久吉の強い思いが込められていた。「保守したくば改革せよ」。守るためには改革しなければならない。常に革新的なイベントを実施し、魅力ある東京タワーにしていく。

前田は、大衆に夢と感動を与える新イベントを考え続ける。

例えば、前田が二〇〇九年に設けた「東京タワー永遠化」勉強会。東京スカイツリーの出現に危機感を抱き、出版、旅行、航空、映画など業界を代表する有識者を集め、数回にわたり、「東京タワーの未来」について意見を求めた。東京タワーを守るためだった。

スカイツリーで来場者激減？

危機を千載一遇のチャンスに転化する。追い詰められたときこそが新しい方向性を見出すチャンスである——。言葉で言うのは簡単だが、危機は焦りにつながり、自社のこれまでのすべてを否定してしまい、規律を失い、悪循環に陥るというパターンにはまってしまった企業は多い。危機をチャンスに転化するトップは、危機の中でも冷静さを失わずに自分で考え抜く。そして過去を否定し、前へ突き進む覚悟と胆力がある。

前田は、危機を新たな発展に向けた新しい方向性を見出すチャンスとして活かした。

前田が社長に就任したのは、二〇〇五年九月。日本電波塔社長の前田富夫《とみお》が急逝し、急遽《きゅうきょ》、千葉県君津《きみつ》市鹿野山《かのうざん》の観光牧場「マザー牧場」の社長をしていた前田が継ぐことになったのだ。

当時、東京タワーは、「新東京タワー問題」が再浮上していた。そもそも一九九〇年代後半に、二〇一一年の地上波デジタル放送時代を迎えるに当たり六〇〇メートル級の電波塔が必要だという話が持ち上がった。しかし、その後、東京タワーに地上波デジタル放送用のアンテナが取り付けられ、地上波デジタル放送は二〇〇三年に本放送が始まった。問題は一件落着したかに思われたが、ＮＨＫと在京民放五社が六〇〇メートル級の高さの電波塔の必要性を訴えたことから、再浮上した。「ワンセグ」への対応と、増加する超高層ビルによる受信障害が理由だ。結局、この問題は二〇〇六年、東武鉄道が出資し、墨田区に「東京スカイツリー」が建設されることで決着した。

東京タワーの来場者は東京スカイツリーに奪われて激減するのではないかと懸念された。この危機をどう乗り切るか。前田は冷静さを失わずに考え抜いた。タワーの価値は展望台から見える景色だ。高さでは東京スカイツリーに劣るが、景色は都心部が手に取るように見える東京タワーのほうが優れている。それに、タワーの価値は景色から、その空間でいかに楽しい時間を過ごせるかということに移っている。そうしたタワー価値増大化の追求が至上課題だと前田は考えた。

東京タワーを存続させるためには、施設もイベントも、人々に「夢」と「感動」を与える、魅力あるタワーにしていかなければならない。そのためには、何をどうすべきか。前田は社内に目を向けた。そこには公共・伝統企業にありがちな因習・権威主義がはびこっていた。このままでは革新アイデアは生まれない。社員が自分の頭で考え、自分の責任で行動する企業風土に変える必要がある。

前田は自らが現場に出て、社員と対話を重ねることから始めた。社長が社員に気軽に声をかけることなどかつて一度もなかった。会議の回数も減らした。問題や課題があれば、その場で討議するようにした。

一方、前田は自らが話す朝礼を月一回行うことにした。目的は全社員が会社の目標や課題を共有し、役員と社員との意思疎通を図ることにある。朝礼の際、誕生月の社員には誕生日プレゼントを渡したり、創立記念日には業績を上げた社員には社長賞、革新アイデアを提案した社員には努力賞を与えたりしている。

改革の結果、社員のモチベーションは上がり、自発的に新しい施策、イベントを提案、実行するようになった。前田が言う。

「例えば、季節折々のライトアップなどは全部社員の発案です。今年は桜の開花日には桜色のタワーに、また、梅雨明けの日には夏が来たというブルー系の色にライトアップしました」

展望台でのプロジェクションマッピング、松竹とのコラボの「お化け屋敷」、全国の海の幸を一堂に集めた「第一回日本魚祭り」など、新しい企画・イベントの開発は社員が力を発揮した結果だ。成果は、二〇一五年度の来場者数二二七万人（前年度比一五パーセント増）という数字に表れている。

地域に愛されるタワーを

成長する企業の経営者には必ず、「企業とは、利益を上げることを通じて長期的に社会に貢献することを目的とする組織」という企業観がある。利益は企業が社会への貢献を継続するために必要不可欠であるから、それを軽視することは社会貢献の継続性を軽視することにつながる。必要な利益を取ることは経営者の絶対条件であり、義務である。ただし、利益は、継続的社会貢献の手段として必要なものであり、目的になるのとは違う。

前田は、父親で創業者の久吉の掲げた理念、「人々に『夢』と『感動』を与え、人々が集まる魅力あるタワー」を訴え、その実現に向けて事業の革新を追求している。例えば、観光塔事業では、フットタウン（東京タワー下部の商業施設）に、人気アニメ「ワンピース」のテーマパーク「東京ワンピースタワー」を設置、また前述したように、展望台では夜景とプロジェクションマッピングを融合させたイベントを実施する他、四季折々に「お化け屋敷」、「魚祭り」などイベントを打ち出している。

一方、電波塔事業では、地上波デジタル放送の本放送が東京スカイツリーへ移行した後も、放送大学のデジタルテレビ放送、ＦＭ東京などのＦＭラジオ放送を提供、さらにテレビ局の中継回線基地や、地上波デジタル放送の予備塔としての役割を引き続き担う。また、Ｖ－Ｌｏｗ

マルチメディア放送の送信拠点になり、新たな放送サービス「ｉ－ｄｉｏ」を開始するなど電波塔として使命を果たしている。

前田は「地域に根差し、地域に貢献する事業」であることにこだわる。地域に愛される東京タワーにする。創業者の信念だった。

前田が東京都港区の「みなと区民まつり」実行委員長として、会場にタワーを提供するだけでなく、さまざまな企画を提案したり、自社のアテンダントチームをパレードに参加させたりして、祭りを盛り上げている理由である。また、毎年開催している「三陸・大船渡さんままつり」の狙いの一つは、芝公園一帯の活性化にある。さらに、大展望台での節分の「豆まき」も、隣接する増上寺《ぞうじょうじ》とのコラボで実施している。他にもタワーをステーションとする「港区自転車シェアリング」、「成人の日」の地元新成人の無料招待など、地域に根差した取り組みに力を注いでいる。

こうした同社の地域貢献策が地元に評価されているのは、二〇一四年にタワー前の区道が通称「東京タワー通り」と名付けられたことからもうなずける。それを機に、同社は通り沿いの企業と「連絡会」を開き、情報交換を行う他、コラボを実施している。

前田の地域に根差した経営はこれが初めてではない。千葉県鹿野山の「マザー牧場」では、社長になった一九九二年から地域重視経営を行っている。その代表例が君津《きみつ》、木更津《きさらづ》、富津、袖ケ浦《そでがうら》の四市に放送を提供するFMラジオ局「かずさエフエム」の設立だ。送信所はマザー牧場の端に建設し、地域に特化した出来事やニュースを放送している。

また、マザー牧場の隣接地にある、久吉の開いた臨済宗妙心寺派の寺とのコラボ企画も行っている。禅研修所に訪れる国内外の多くの人々がマザー牧場でも時間を過ごす。また、マザー牧場の来場者の中には、寺に参拝する人もいる。寺とのコラボにより、鹿野山を一層価値ある山にしていきたいと、前田は考える。

「私たちの事業モデルは、地域に根差し、地域を大事にしながら事業に磨きをかけていくものです。世界から大勢の人が集まる美しい場所、温かい場所、感動する場所を創りたい。そういう想いを、全社員と共有しています」

グローバル時代、前田の国内外の顧客を感動させる〝地域重視戦略〟が注目される。

永久存続を目指す

創業二〇〇年以上の長寿企業に共通するのは、伝統と革新が世代を超えて継承されている点だ。とりわけ大事なのは、人を大切にする文化を継承することだ。人を大切にする文化とは、従業員にとって温かく、居心地がよく、思いやりのある会社にするだけではない。そこで働けば鍛えられる会社、歴史を背負う緊張感がある会社、伝統と革新を融合させるチャレンジ精神が厳しく求められる会社にしていかなければいけない。

　前田は語る。

「社員に言うのは、『東京タワーのブランドに頼るな。ブランドを磨け』です。東京タワーは、手書きで図面を引き、職人が手作業で微妙なバランスを調整し、当時の技術の粋を集めたもの。歌や小説、映画などにたびたびタワーを取り上げていただけるのは、復興を願った人たちの汗と涙がこの建造物に込められているからです。そんな戦後日本の発展を象徴し、ランドマークとなっている東京タワーのブランドに社員たちはつい寄りかかろうとする。それを排除し、ブランドを磨くことに挑戦させる。それが課題です」

　前田ほど、建造物の永久存続に自己の存在をかけて取り組んでいる経営者は、私は知らない。守るためには、企業の伝統文化を継承し、施設などのハード面、イベント企画などのソフト面の両面で磨きをかけていく。

　前田は二〇一五年、三年かけて開業以来初のタワーの耐震補強工事、正面ホールのリニューアル、エスカレーターの新設を実施、完成させた。さらに、フットタウンにある直営ショップの売り場面積を従来の約二倍に拡張した。

　東京タワーを存続させるには、来場者を増やすことが不可欠だ。とりわけ、前田が腐心しているのは外国人観光客の取り込みだ。来場者のスマホにタワーの案内を四ヵ国語（日本語、英語、韓国語、中国語）で自動表示するサービスを開始したり、案内サービスを行うアテンダントの語学力や国際的なおもてなし力の強化、パフォーマンス能力を向上させる仕組みづくりを行っているのは、そのためだ。

「歌も歌え、ダンスも踊れる東京タワーアテンダントを育てています。普段、制服姿のアテンダントが突然、舞台に出て歌を歌い出すとか、そういう演出も行っています」

訪日外国人客を増やす施策は、三年前から打っている。その一つが、アジアのトップデザイナーが「日本とアジア」をテーマにした作品をアジアのトップモデル、有名女優が試着するファッションショーの開催だ。彼女たちの多くのフォロワーにより、東京タワーが広く発信され、それを見た人たちがタワーを訪れるという効果を狙ったものだ。

そうした施策が奏功していることは、ここ数年、訪日外国人客の来場が加速度的に増加し、全来場者の約三割に達していることからもうなずける。

東京タワーを世界に発信する絶好の機会となったのが、二〇一六年九月、東京タワーで開かれた世界タワー連盟の年次総会「世界タワー会議」である。連盟は現在、パリのエッフェル塔、ニューヨークのエンパイアステートビルなど世界で展望施設を運営する五四のタワーやビルが加盟している。総会では、各国の最新情報や観光情報、観光面の技術的なテクニックが披露される。東京タワーは、二〇一五年のドバイ総会では最もエコ活動に功績のあったタワーとして

『優れたスタッフ賞』を受賞した。

『環境賞』を受賞し、二〇一六年はパフォーマンスで来場者をおもてなしする『優れたスタッフ賞』を受賞した。

二〇一八年に開業六〇周年を迎える東京タワー。スクラップ＆ビルドから伝統のあるものを大切に使う循環型社会の価値観へ転換する試金石となるか。前田の経営手腕が注目される。

第二章　岐路に立つ百貨店を大変革する「No.２シップ」

木本茂《きもとしげる》　髙島屋社長

豊富な現場経験から得た座右の銘は「一枚岩の結束」

エリートでもスターでもなく

サラリーマン経営者には、出世していく過程で、いくつか共通項がある。一つ目は成果を上げること。二つ目は周囲に気配りできること。三つ目は人の話をよく聞くこと。四つ目は前向きであること。五つ目は学ぶ心があること——等々。とりわけ、リーダーになる人にとって大事なのは、部下への気配りと、人の話を聞くことだと私は考える。

上司は部下のモチベーションを高めなければならない。そのためにはいろいろ気配りをして、納得してもらう。また、人は成功すればするほど、人の話に耳を傾けなくなる。部下との緊密なコミュニケーションはもちろん、彼らの持つ新しい情報や考え方を知ることもできない。つまり、知識の創造ができなくなる。

高島屋社長の木本茂（五九歳）は、一九七九年、横浜髙島屋（現髙島屋）に入社。紳士服ワイシャツ売り場の販売員から始まり、宣伝部、惣菜バイヤー、港南台《こうなんだい》店グループマネジャー、横浜店食料品部長、同店副店長などと、主に百貨店の現場で経験を積んできた。いわゆる、会社の主流を歩んできた〝エリート社員〟でも、社内に華々しい業績を残してきた〝スター社員〟でもなく、地道にコツコツと仕事をこなす社員だった。

そんな木本がトップにまで上り詰めることができたのはなぜか。それは、若い頃から人の話をよく聞き、学び、情熱を持って仕事に取り組んできたからだ。そして部署が替わっても常にチームプレーに徹し、チームが一枚岩になることを心掛けてきた。

木本 茂

例えばワイシャツ売り場では、主任に、販売統計データ分析に基づく品揃《しなぞろ》えの必要性を教わった。「数字は嘘《うそ》をつかない」という主任の言葉は今も耳に残っている。

チームワークの大切さを学んだのは一九八七年、「横浜博覧会協会」へ出向したときだ。協会は横浜市、神奈川県などの職員に加え、さまざまな民間企業の社員で構成される混成チームだ。配属されたのは、パビリオン誘致の部署である。開幕まであと二年と迫り、時間との勝負だった。

木本は、リニアモーターカーの運行、当時世界最大の大観覧車など、博覧会自体の魅力を伝えることに精力を注いだ。三四館出展のうち、六館を木本の所属するチームが誘致した。異業種が一丸となり、一つのゴールへ向かって突き進む貴重な経験となった。木本の座右の銘「一枚岩の結束」はこのときの教訓からだ。

木本も、ときには挫折《ざせつ》感を味わう。出向を終え、店に凱旋《がいせん》すると、惣菜のバイヤーへの異動を命じられた。木本は内心腐った。しかし、「自分を鍛える機会だ」と考え直す。その結果、中華街ギフトを採り入れたり、神奈川県・葉山《はやま》のコロッケを季節限定販売したりして、新機軸を打ち出す。その際、チーム全員がアンテナを高くして連係プレーを取ることの重要性を学んだ。

さらに、港南台店の食料品部次長のときは、地域の人に愛される店づくりに情熱を燃やした。一階にカフェ・ビゴの店を新設、地下一階にはフルーツショップ・パーラーを開設するなど、顧客が楽しく過ごせるショップ創りに心血を注ぐ。上司が情熱を持てば部下に伝わり、組織全体に情熱の灯をともすことができることを実感した。

木本が社外人脈づくりに力を入れたのは、横浜店食料品・食堂部長のときだ。大丸、阪神、東急など他社の食料品部長に声をかけ、情報交換会を催し、売れ筋商品を紹介し合うなど、百貨店の食料品業界を盛り上げた。会は定期的に開かれ、交流が深まった。当時の人脈は今も続く。

見落とせないのは、管理職時代、部下と一緒になって「会社の成果が悪いのは、経営陣が悪い」などと、決して発言しなかったことだ。管理職とは、悪ければ上に直言し、良ければ上の考えを下に伝え、説得する義務があると考えていた。

そうした管理職時代の体験は、今も木本の〝発想の原点〟となっている。

№2の有無が明暗を分ける

私は、これまで五〇〇人以上の有力トップに取材してきた。そこから見えてきたのが、「会社を変えるのはトップではなく、「№2」ということであった。過去、会社を変えられなかったカリスマリーダーをどれだけ見てきたか知れない。その一方で、「№2」の活躍によって業績を伸ばしてきた企業、再建を果たした企業もある。№2の有無が企業の明暗を分けることは、〝歴史〟が証明している。

私の言う№2とは、役職やポジションの「二番目」ではない。企業を変え、成長させる主役である。トップに意見を具申する参謀であり、ビジョンの具現化を補佐する役割を担う。また、トップと現場の間をつなぎ、社員の自発性を引き出し、モチベーションを高め、自由闊達《かったつ》な企業風土に変えていく世話役でもある（No.２については拙著『続く会社、続かない会社はNo.２で決まる』に詳しい）。

木本も、社長になるまでNo.２の役割を果たしてきた。木本は、紳士服ワイシャツ売り場を振り出しに、宣伝、食料品の買い付け、本社業務、横浜店食料品部長、横浜店副店長、新宿店店長など歴任するが、随所でNo.２シップを発揮してきた。入社一〇年目には、食料品惣菜バイヤーとして新ブランドのアールエフワン（ＲＦ１）を最初に店頭販売したり、中華街の惣菜、葉山のコロッケなど新しい取引先を発掘したりして、チーム全員のモチベーション向上に一役買い、食料品部門の活性化に貢献している。

木本に〝No.２感覚〟が養われたのは、一九九一年から二年間、本社の構造改革プロジェクト「ビッグバン計画委員会」の委員に選ばれたときだ。社長の日高啓《ひだかひろし》の肝煎《きもい》りで始めた、収益構造の抜本的改革を目的とする委員五人から成るプロジェクトだ。木本は、トップの掲げるビジョンを実現するために動く〝参謀〟の役割が与えられた。

現場からいきなり組織横断的な委員に選ばれた木本は、当初は議論にうなずくばかりだったが、会議を重ねるにつれて、経営課題を目の当たりにし、自分の頭で克服策を考えるようになった。

今も強く印象に残っている改革案は、商品本部の機構改革と、大阪・東京・京都・横浜の四基幹店を事業本部とする事業本部制導入による基幹店の役割拡大だった。木本が語った。

「一つは何百人体制の大組織の商品本部を縮小し、収支概念を持たせる『商品事業本部』への改編。一つは基幹店が営業面や商品調達面で各地域店の面倒を見るという案です。このように、先輩たちが鋭いアングルから提案・実施してきたことがその後の私の業務に役立ちました」

以降、木本は、自らの役割はトップと現場の間をつなぎ、社員の自発性を引き出し、新しいことに果敢に挑戦する企業風土に変えていくことだと認識する。横浜店の食料品部長や婦人雑貨部長のときに挑戦した斬新な商品の品揃えなどは部下のアイデアを積極的に採用し続けた結果だった。そうした風土の醸成こそが、横浜店が全店の中で売上高№1を続ける要因となっている。

木本の〝№2〟シップの発揮は、新宿店店長のときにも表れている。新宿店は、一九九六年開業以来赤字が続いていた。二〇〇七年、新宿店副店長時代に一三〇億円を投じて全館改装が実施されたものの、黒字化のメドは立たなかった。木本は二〇一〇年、新宿店店長になると、大胆な改革の決断を下す。まず社員約二五〇名を他の店舗に転出し、販売管理費を削減する。一方で、営業力を強化するため、セールスマネージャーからバイヤーに至るまで全店から優秀な人材を集め、少人数で対応できる「少数精鋭主義」を導入した。

その後、木本は、常務取締役経営企画本部副本部長に就任し、社長の鈴木弘治の推進する経営改革を補佐していくこととなる。

時代とのズレ、市場の縮小という危機的状況

今、日本企業が直面している問題は、時代環境の変化によって、企業の「形」と「時代」との間で〝ズレ〟が生じていることだ。かつて創業者は、日々、事業推進する中で、企業の「本質」を学習し、それを当時の時代環境に合わせて、企業の「形」を作り上げていった。しかし、人口減少、グローバル化、ＩＴデジタル化……と時代環境は急激に移り変わり、その結果、企業の形が時代に追いつかなくなってきている。日本企業の経営者が動揺し、自信喪失に陥っているゆえんだ。

今、日本の企業に求められているのは、事業の本質まで立ち戻って、考え直すことだ。

木本は百貨店の本質にアプローチし、考え抜いた結果、「『街づくり』のさらなる推進」という経営方針を打ち出した。つまり、百貨店を核としたショッピングセンター（ＳＣ）と周辺の一体開発というコンセプトだ。

最重要課題が百貨店の営業力、競争力を高めることに変わりはない。問題は、それを追求する戦略である。従来のように百貨店だけで市場の変化や地域ニーズに対応するやり方では限界がある。百貨店の中に専門店のエッセンスを組み入れた混在型や百貨店と専門店のＳＣ型を開

発し、多くの人が集まる魅力あふれる街づくりを行う。その中で百貨店の力を高める――。

百貨店事業の形と時代とのズレの結果、百貨店市場規模は一九九一年の約九・七兆円から二〇一〇年以降は六兆円台まで縮小、さらに今後も縮小していくとみられる。理由は、百貨店が人々をワクワクさせる魅力ある店ではなくなってきたこと。また、ユニクロなどＳＰＡ（製造小売業）の出現や、ネット販売の進展などで、消費者の消費行動が多様化してきたこと。さらに百貨店が品揃えする商品の価値と値段が見合わなくなってきていること……。こうした危機的状況を打破するため、木本は、百貨店の本質を捉え直し、まず人が集まる街づくり、そして地域密着型の店づくりに経営資源を集中する。

具体的には、「街づくり」は、商業施設の開発・運営を手掛ける子会社の「東神開発」と連携して推進する。二子《ふたこ》玉川《たまがわ》（東京都世田谷区）で培ってきた百貨店を核としたＳＣと周辺の一体開発を進めてきたノウハウを、まず新宿店活性化のために使う。二〇一四年、約一〇〇〇億円を投じて新宿店の不動産を取得したのは、同店の家賃負担を軽くして黒字化させるためだけではない。街づくりの視点に立って、地域密着型の店づくりを行うためでもある。

「新宿店は、これから収穫期に入ります。二〇一六年に南口に新しい駅舎が完成すると、これまで駅周辺に点在していたバスターミナルが新南口あたりに集約される。その隣ではＪＲ東日本が高層ビルを建設する。これで新宿店のある南口の人の流れが大きく変わり、マーケットが拡大します」

木本が街づくり機能を持った店舗開発運営に確信を持つのは、玉川髙島屋ＳＣの実績だけでなく、シンガポールでの成功モデルがあるからだ。シンガポールでは、さらに商業施設の不動産オーナー会社にも出資して、利益を出している。いわゆる百貨店、ＳＣ、出資の三層構造だ。二〇一六年七月にオープンしたベトナム・ホーチミンの「ホーチミン髙島屋」を核とするショッピングセンターも、百貨店、ＳＣ運営、不動産オーナー会社への出資と三つの収益源を持っている。

むろん、百貨店自体の改革も行う。木本は、国内直営店一七店舗にバイヤー三〇〇名を配置、仕入れの権限を店舗に委譲し、地域に密着した品揃えを強化する。狙いは一七通りの街づくりだ。さらに、木本は、店舗とネットの相互利用の「オムニ（すべての）チャネル戦略」と「インバウンド（訪日外国人）対策の加速」を打ち出し、時代とのズレを埋めることに精力を注ぐ。

危機感から生まれた数々の改革

成長する企業の経営者に共通するのは、常に危機意識を持っていることだ。そして、どう社内に危機感を植え付けていくのか、そのメカニズムを考えている。何よりも、会社の有する問題を共有し、存続の危機にあることを社内で顕在化させる文化を醸成しているのだ。

木本は、会社の有する問題を社内で共有することに腐心する。毎年、国内一七店舗を回り、一店舗ごとに時間をかけて社員たちと対話をし、会社の方向性と自分の思いを繰り返し伝えるのは、そのためだ。

木本は、企業の使命は、社員の生活の安定、株主への利益の還元、社会への貢献、そして会社が存続していくために先行投資をすることであり、使命を全《まっと》うするためには利益は不可欠だと考える。危機感はそうした使命感からくる。

髙島屋グループ全体の二〇一五年度の営業収益（売上高に相当）は九二九六億円、営業利益は三三〇億円で、営業利益率は三・五パーセント。ところが、髙島屋の個別業績となると、営業収益七一〇二億円に対して営業利益は一〇九億円で、営業利益率は一・五パーセントと低い。

利益は重要である。利益が上がらなければ、先行投資はもちろん、店舗改装や新規店舗開発のための資金も捻出《ねんしゅつ》できなくなる。では、収益を高めるためには何をすべきか。その「解」の一つが、百貨店とショッピングセンター（ＳＣ）との一体開発における〝街づくり〟だ。髙島屋は、傘下にＳＣの開発を行う子会社「東神開発」を擁する。東神開発の二〇一五年度の営業利益率は、本業の百貨店事業よりも高く、二〇一四年度の営業収益三五〇億円に対し営業利益は八〇億円。営業利益率は二二・九パーセントと高い。東神開発は髙島屋グループ全体の営業利益の約四分の一を稼ぐ。木本が百貨店とＳＣの一体開発に力を注ぐ理由だ。木本が言う。

「私は百貨店・SCの一体開発の効果と必要性を社内外に訴え、成果に対する評価はトータルで行うべきだと言っている」

木本が街づくり戦略に確信を持つのは、東神開発が開発・運営する玉川髙島屋SCとシンガポール髙島屋の専門店事業が「成功モデル」となっているからである。そのノウハウを国内では新宿店、立川店、さらに二〇一九年完成予定の日本橋店と周辺ビルの一体再開発に導入、海外でも二〇一六年開業のベトナム・ホーチミン店、二〇一七年開業予定のタイ・バンコク店で活用する。

一方で、木本は、百貨店自体の競争力を高めるため、商品は自らがリスクを取る自主企画商品や提携先の阪急阪神百貨店との共同企画商品を拡充、売り場は話題性を捉えた自然食品、自然派化粧品など独自の売り場を展開する。いわば〝商品・売り場の特徴化戦略〟である。

さらに、木本は新規事業にも力を入れる。注目すべきは、その取り組み方だ。同社は二〇一五年、システム開発大手「トランスコスモス」、調理器具製造会社「貝印」、総合繊維会社「セーレン」と矢継ぎ早に合併会社を設立し、販売事業や製造小売業に踏み出す。いずれも異業種とのアライアンスによる新規事業である。木本が言う。

「貝印さんとは同社の持つネットワークを使って食のブランドを作っていく。惣菜、菓子など独自ブランドの高級食材店を展開し、軌道に乗れば、その商品を百貨店で販売することも考えています」

木本が異業種との提携による新規事業への参入に確信を持つのは、これまでの異業種の人たちとの交流で「餅《もち》は餅屋」という考え方に得心したからである。木本はかつて横浜博覧会協会へ出向、異業種の人たちとチームを組んで仕事をし、その後も、新しい取引先の開拓により幅広い異業種人脈を築いてきた。そうした経験から、「その分野で優秀な企業と組んで新市場に対応する」ことを学んだのだ。

これら〝木本改革〟は常に、危機感から生まれたものである。

社員を主役にする組織づくり

会社の主役はトップではなく、社員でなければならない。社員が主役になることで〝社員力〟が発揮され、会社は動く。トップ一人では、経営ビジョンの策定や全社へのメッセージの発信が十分できない。現場の情報やその抱える問題、課題も発見できないし、管理職の士気の実態も十分把握できない。何よりトップ一人の努力だけでは、企業改革もできない。改革は社員一人ひとりが自分の頭で考えて、自分の責任で判断し、実行していく能力を持ち、能動的な仕事をやらない限り、成し遂げられない。

社員は会社の命令や指示では動かない。たとえ動いても、「やらされ感」があるため、自発的な動きではない。動くのは、納得し、モチベーションが高まったときだけだ。

木本は、社長の役割は、「社員に方向性を示すこと、目標を与えること、そして目標に向け会社全体が動くように仕向けること」と明快に語る。

同社の方向性は、百貨店・ショッピングセンター一体化を含む「街づくり」戦略の推進にある。百貨店は、「街づくり」視点での楽しさ・感動を与える百貨店の実現と、品揃えの特徴化に取り組む。そうした会社の方向性を共有させるため、木本は社員との対話を頻繁に行っている。

社員のモチベーションを高め、当事者意識を持たせるには、「任せることが一番」と木本は言う。「任せて、そのプロセスと成果を公平・公正に評価してあげると、信頼感が生まれ、やりがいを持ちます」。過去、随所でチームリーダーとして新しいことに挑戦してきた木本ならではの確信だ。

重要なのは、チームリーダーの使命感である。一般にリーダーたる者の心得は、①人は自分の努力、個性を認めて欲しいと思っていることを知らなければならない、②部下をサポートし、あらゆる方法で業績が改善するよう指導する、③機会あるごとに、部下を心にかけていることを知らせ、自信を持たせてあげる、④言行を一致させる、⑤失敗したときは自らが責任を取り、成功したときには部下に手柄を譲る——等々。木本が加えて言う。

「さらに大事なのは、目標達成への執着心です。リーダーは、部下がどれだけ執着心を持って目標にチャレンジしているかを見てあげる。地道に、粘り強くやるよう指導する。そこが最近、淡泊になっているような気がします。われわれはお給料をいただいているプロのサラリーマン。〝プロ意識〟を持って結果を出してもらう。そこは厳しく問われるべきだと思います」

同社は、社員の自発性を促す舞台づくりの一環として、「社長とダイレクトコミュニケーションョン提案運動」という制度を設け、社員のアイデアを募集している。中には事業化が実現している提案もある。二〇一五年一一月〜一二月、岡山店、米子店など六店舗で展開したオムニ（すべての）チャネル戦略の一環である「ショールームストア」は提案運動から生まれたものだ。

また、全社活動として、国内一七店舗の代表による包装技術などを競い合う「T－1グランプリ」、さらに募集をかけた職務に応募する「職務公募制度」や自己申告表に行きたい部署を宣言する「FA制度」を設けている。

そして、ここへきて木本は女性が活躍できる〝舞台作り〟に心を砕く。現在、同社の女性の管理職比率は二一パーセント。

「お客様の八割が女性なので、女性の感性を生かす環境作りが大事なのですが、われわれの対応はまだ不十分です。育児勤務制度を充実させ、女性管理職を増やしたいと考えています」

木本の〝主役づくり〟へのチャレンジは続く。

大西《おおにし》洋《ひろし》　三越伊勢丹ホールディングス社長

前会長の薫陶を受けた常識やぶりの改革者

社員のモチベーションを念頭にマスコミ露出

経営者の責任とは、社員一人ひとりに会社の理念、ビジョンを伝え、全員がそれを共有できるようにすることだ。そのためには、自分の言葉で語る「顔の見える経営者」となることだ。自分の理念や方向性を組織に浸透させるために、自分の言葉で粘り強く、繰り返し語り続けることである。

経営者たる者、社員には一〇回繰り返してやっと本気が伝わるということを肝に銘じなければならない。愚直に自分のビジョンと思いを自分の言葉で何度も声に出して伝え続けることが、経営者が本気を伝える唯一の方法なのだ。

三越伊勢丹ホールディングス社長の大西洋（六一歳）が、「成長し続ける世界随一の小売サービスグループ化構想」というビジョンを示すことの意味は、まさに社員に向けて自らの改革への理念、戦略を自らの言葉でわかりやすい形で伝えることにある。事実、大西は社長就任以来、店舗を回り、店長・部長との会議をはじめ売り場責任者、若手社員との各ミーティングで自分のビジョンや思いを自分の言葉で語る「伝道」を行っている。

大西は主にメディアを通して「自らのビジョンと思い」を繰り返し伝え続けている。それも中途半端な回数ではない。講演回数は、二〇一三年度三〇回、二〇一四年度四〇回、また新聞雑誌の登場回数は、二〇一三年度四〇回、二〇一四年度四〇回、テレビ出演は、二〇一三年度一一回、二〇一四年度一〇回。講演と新聞雑誌インタビューは月平均六回以上こなし、テレビもほぼ毎月一回出演するといった高露出度を続ける。サラリーマン社長の中で、これほど高頻度でマスコミに出る社長は知らない。

大西 洋

大西の意に反し、〝出たがり屋〟のイメージを世間に印象付けたのは、二〇一五年五月、自らの本を出したことだ。大企業の現役サラリーマン社長が著書を出版するケースは稀である。大西が「歩く広告塔」ともいわれる所以である。

なぜ、大西は頻繁にマスコミに登場し続けるのか。

「マスコミ、企業・団体からの取材や講演依頼は基本的にお受けしていますので……」としか言わないが、目的が情報発信にあるのは論をまたない。大西がその効果に確信を持つのは、二〇一五年四月、自らの〝広報マン機能〟を強化するため、社長の取材担当をコーポレートコミュニケーション（広報）から、新設した「秘書室」に切り替えたことからもうなずける。

一般にトップのコミュニケーション（情報発信）戦略の目的は、社会的信頼を得る企業にすることにある。そのためには透明性を高めなければならない。ビジョン、課題、業績などすべてを包み隠さず明らかにする。

重要なのは、情報の出所を一つにする必要があることだ。三越伊勢丹の現状を役員が別々に話をすると、トーンに差異が生じ、一体どういう状態なのか、結局伝わらなくなってしまう。そのため、トップがまず現状を伝え、今、どういう計画を立てて、何をしようとしているかについて話をする必要がある。それがトップの責任と大西は考える。

大西の伝える主なテーマは、「三越伊勢丹の変革の取り組み」で、小売業における百貨店の地位低下、仕入構造改革、人材育成などを語るケースがほとんどだ。講演の骨子も、①中期ビジョン、②百貨店の危機的状況、③「仕入構造改革」と販売現場の生産性向上、④人材の育成、である。

興味深いのは、大西はコミュニケーション戦略を、常に社員のモチベーションを高めることを念頭に置いてやっていることだ。外向けの情報発信は社内向けのそれでもある。社員は、一方で消費者であり、新聞雑誌の読者であり、テレビの視聴者でもある。すなわち外に向けて発信した言葉と社内向けの言葉に落差があってはならない。それだけに社長の〝本気度〟が試される。

「社員の満足度向上が最優先」と繰り返し語り、その方向性通りの経営を実行する大西の「本気」は、社員に伝わっているといえよう。

覚悟の挑戦が評価され№2に

社員のモチベーションを高めて組織を動かすのは、№2の役割だ。前述したように、№2とはヒエラルキーに基づいたランクやポジションの「二番目」のことではない。肩書は副社長かもしれないし、中間管理職かもしれない。№2は、企業が成長するには何が大事なのかを考え、経営理念の追求と利益の追求を同時に行い、持続的成長を達成するための方策をトップに示し、改革を成し遂げるためには何を優先させるべきか、トップに意見を述べる。№2がいなければ、人も組織も動かないし、改革も革新も、成し遂げられない。

大西は、かつては元伊勢丹社長で前同社会長兼CEOの武藤信一《むとうのぶかず》を支える№2だった。

大西は、一九七九年、慶応大学商学部卒業後、伊勢丹に入社、紳士服担当として新宿本店

「男の新館」の売り場に配属される。その後、新吉祥寺店準備室担当、プロジェクト開発・店舗開発担当などを歴任し、一九九一年からマレーシアに四年間赴任する。

最初に成果を上げたのは、マレーシアでの新規出店に絡む案件だった。当時、伊勢丹は現地に「ロット10店」を出店、利益を出していた。大西は総務部長としての業務をこなす一方、一九九二年から国家プロジェクト、KLCC（クアラルンプール・シティセンター）への新規出店に向けて精力的に取り組んでいた。

ところが数年後、現地法人の社長が出店を後押ししていた積極派から「リスクは冒《おか》したくない」という消極派へ交代する。大西は新社長に国家プロジェクトへの参入の意義などを強く訴え、現地政府側と交渉を続行した。難航したのは家賃だった。伊勢丹、政府側共、一歩も譲らない。そこで大西は「一〇年後に見直す」という付帯条件を提案し、政府側の合意を取り付けた。大西の情熱が相手を動かしたのだ。KLCC店は一九九八年開店以来黒字を続けている。

次に大西が〝№2シップ〟を発揮したのは、紳士服商品部長、同営業部長のときだった。一九九〇年代、伊勢丹は売上比率一〇～一二パーセントの紳士部門の売り上げをどう拡大するかが課題だった。大西は、まず靴に目を付け、英国の高級靴、エドワード・グリーンと仕入れ交渉を行った。しかし、年間一万足しか製造していないという理由で門前払いされた。大西はあきらめずに、バイヤーを三年通い続けさせ、ようやく伊勢丹での販売に漕ぎ着けた。二〇〇〇年、オーダー会を開いたところ、二〇万〜三〇万円のオーダー靴が一週間で三〇足も売れた。大西は、「新しい顧客層はいる。既存のプライスライン（売れ筋価格）を越えれば勝てる」と確信した。

大西の名前が社内に知れ渡ったのは、二〇〇三年、「男の新館」のリモデル（改装）を主導した営業部長のときだった。大西が参考にしたのは、米国百貨店、バーグドルフ・グッドマンで、ブランドごとに区切られていた売り場の垣根を取り崩し、ブランドを気にせず、幅広い商品を比較しながら選べるようにした。

当時の百貨店では常識を覆す試みだった。それだけに提案当初は社内外から猛反発を受けた。しかし、大西は、社内外を奔走し、粘り強く相手の話を聞き続けた。やっとのことで上司の了解を取り付け、予算を確保したときは、「失敗したら辞めよう」と覚悟を決めていた。

結果、メンズ館は前年比一〇パーセント以上の売り上げで推移し、伊勢丹成長の原動力となった。

大西は、当時の社長の武藤に評価され、二〇〇五年、執行役員になり、経営企画部に呼び寄せられた。その後、立川店長を務めた後、伊勢丹と三越が経営統合後の三越、伊勢丹両社の常務執行役員に就任し、日本橋三越本店にＭＤ統括部長として送り込まれた。大西は、三越の「のれん」を損なわずに、伊勢丹流のＭＤ（商品政策）を移植し、三越の営業力を高めるという大きな役割を果たした。見逃せないのは、三越でも売り場との対話を重ねることで、現場の社員の心をつかみ、信頼されるようになったことだ。

大西は武藤を支えるNo.２に育っていた。

同業他社は「見るな」「比較するな」

経営というのは現実的であり、論理ではないといわれる。しかし、持続的成長を遂げる企業の経営者に共通するのは、論理的であることだ。ビジネスには、「常識」や「通説」といったものが多くあり、各業界には成功の形があるが、業界の常識や通説、他企業の成功の形を無批判には受け入れない。常に自社について自分の頭で考えて考え抜いている。

大西は、社長になる前から、同質化した同業他社を「見るな」「比較するな」と訴えてきた。自分たちは、顧客のことだけを考え、顧客を取り込むための仮説を組み立て、それを実地で検証する。顧客の立場に立って、買い物をすることに価値を見出せる空間になっているかどうか。つまり、価値ある商品を揃《そろ》えているかどうか、「夢」や「感動」を与えられる売り場になっているかどうか、それだけを追求しろという。

現在も大西は、顧客の立場に立った〝魅力ある店づくり〟と〝価値ある商品づくり〟に腐心している。とりわけ、サプライチェーン（開発・製造工程から販売までの全プロセスのつながり）

の川上に入り込む独自企画商品の開発に心血を注ぐ。

大西がこれまで顧客視点で考え抜いた独自企画商品は、婦人靴「ナンバートゥエンティワン」、紳士ビジネス「イセタンメンズ」など二〇種類以上ある。いずれも、三越伊勢丹が企画段階から入り込んだ商品。ＳＰＡ（製造小売業）商品の他、工場からの直接買い取り商品などもあるため、三越伊勢丹では「仕入構造改革商品」と総称する。百貨店が企画段階から入るのは百貨店独特の発想・商法、慣習を打ち破る画期的な試みである。

なぜ、百貨店の常識を覆すに至ったか。百貨店不況の要因は、取引先からの仕入れに依存し、リスクを負わない代わりに、低い利益率を甘受してきた旧態依然たる商法から脱却できないことにある。利益が出ないため、思い切った店舗改装ができない。利益確保のために人を減らす。人が減ると顧客へのサービスやおもてなしが行き届かなくなる。価格と価値がマッチしなくなり、顧客が離れていく。負の循環が続く——。

これを断ち切るため、大西が考え抜いたのが、営業利益率を高める「仕入構造改革」だ。営業利益を高めるには、販売価格を上げるか、仕入れ価格を下げるしかないが、価格を上げることは難しい。そこで大西は、①ＳＰＡ商品を開発する、②取引先と協業し、在庫リスクを負う代わりに仕入れ価格を下げてもらう、といったように利益率を上げる形に方向転換した。

現在、全売り上げに占める仕入構造改革商品の比率は一五パーセントだが、今後二五パーセントまで高めるという。

「現在、ＳＰＡ商品及びそれに近い商品は、主に婦人服と紳士服ですが、これからは食や住などいろいろなジャンルに広げていきます」

大西の論理はこれで終わらない。仕入構造改革↓販売力増強へとつながる。

仕入構造改革を成功させるには商品を売り切らなければならない。販売力が弱ければ在庫が残る。リスクがそのままコストになる。そこで、大西が力を入れるのは、販売員のモチベーションの向上だ。それを具現化するため、二〇一一年には取引先を含めた優秀な販売員を表彰する「エバーグリーン制度」を設けた。また、二〇一二年にはすべての販売員の呼称を「スタイリスト」とした。さらに、二〇一四年からはスタイリストの中でも卓越した販売スキルを持つ「シニアスタイリスト」を任命。現在一七人が任命されている。二〇一六年からは販売実績に応じた報酬を支給する制度の一部導入も始めている。

このように大西は、「仕入構造改革」と「販売力向上」を両輪として強力に推進する。業界の常識を疑い、考え抜いた結果である。

現場感覚から生まれる常識を覆す改革

持続的成長を遂げる企業の経営者に共通するのは、その企業の事業についての現場感覚があること、つまり、事業に精通していることである。経営者に事業の現場感覚がなければ、また自社の事業に精通していなければ、鋭角的な意思決定ができない。既存の考え方やしがらみにとらわれて新しい発想、行動ができない。経営者は、現場に自ら頻繁に足を運び、現場の生の情報を肌で感じ取り、意思決定を行うことが不可欠だ。

その点、大西は現場感覚を持ち、事業に精通している。しかも、売り上げの三〇パーセント以上を占める伊勢丹の本流の婦人服出身ではなく、一〇パーセント以下の紳士服出身の傍流組だけに、若い頃から、中心の外から客観的に会社を眺める機会を得ているゆえ、会社の裸の事実を冷静に認識し、経営者として改革しなければならない不合理な点をよく見出せた。それが今日の常識を覆す数々の改革の原点となっている。

大西は社長就任後、矢継ぎ早に改革を行う。サプライチェーンの川上に入り込む「仕入構造改革」をはじめ、営業体制では二〇一一年に休業日の設定、二〇一二年夏にクリアランスセールの時期の後ろ倒し、二〇一三年には営業時間の短縮。人事制度では「エバーグリーン制度」を導入した他、二〇一六年には実績に応じて処遇する「インセンティブ制度」を一部で導入した。また、旅行、医療モールなど新規事業に参入する一方、化粧品専門店「イセタンミラー」、婦人専門店「イセタンサローネ」など中小型店舗を展開する。

大西の改革マインドはどこで培われてきたか。

入社して最初の四年間は、伊勢丹新宿本店紳士服売り場で、接客、販売に明け暮れた。大西は、「商品知識もなければ、お客様への声のかけ方もわからない。先輩の女性社員が何十着と売るのに対して、自分は三着しか売れない。どうすれば売れるのかと毎日が勉強でした」という。顧客は販売員のサービスやおもてなしに満足すれば、商品を買ってくれるということを会得した。

大西は学ぶ努力を惜しまなかった。休日にはメーカーの工場に足を運んで、製造工程を一から頭に叩き込む一方、ライバルの池袋西武やパルコにも通い、セゾングループの文化路線を肌で感じた。

次に配属された伊勢丹新吉祥寺店準備室でも、商圏を知るために、吉祥寺駅発着の全路線バスに乗り、乗客が持つ百貨店の手提げ袋、服、バッグ、靴に至るまで、こと細かに観察した。自分自身の目で見るマーケティングの重要性を学ぶ。また、その後のプロジェクト開発・店舗開発担当のときは、新規出店の物件開発とリサーチを行う。自分たちで現物を見て、歩いて、現場に立って、現実を知り、すべてを決めていく〝伊勢丹流三現主義〟（現場・現物・現実）を体感した。

大西が現場主義の本領を発揮したのは、前述の「男の新館」のリモデルである。大西は、ブランドごとに区切られていた売り場の垣根を取り払い、什器《じゅうき》から紙袋まで、あらゆるアイテムを統一した。そのため、顧客は、ブランドを気にせず、幅広い商品を自由に見比べながら選べるようにした。顧客の立場に立った〝売り場改革〟だった。

大西の現場主義がものを言ったのは、経営統合直後の日本橋三越本店に、ＭＤ統括部長として送り込まれたときだった。三越では「伊勢丹の人間が来た」と警戒され、伊勢丹流に統一しようにも反発される。大西が提案をし続けても、三越出身の上司たちは決断を下さない。そこで大西は売り場に着目、売り場から変えていこうと考えた。

販売員たちに伊勢丹流の働き方を指導すると、理解して動いた。やがて三越の販売員たちは〝伊勢丹流〟を取り込み、実力をつけていく。成果は数字に表れ、一年後には大西は三越社員の信頼を得るようになっていた。

現場にこそ、大西改革の「発想の原点」がある。

改革こそ最も効果的な融合策

経営統合した企業の中で、成長を遂げている企業に共通しているのは、どの企業が経営の主導権を握っているかが明確であることだ。つまり、意思決定権は統合を主導した側の企業が保持し続けているということ。さらに、統合の目的を、規模の拡大にではなく、成果を上げることに置いていること。また、何よりも、お互いに相手の企業アイデンティティー（独自性）を尊重している。企業のアイデンティティーがなくなれば、企業としての価値は損なわれ、社員のモチベーションは大幅に失われてしまう。

大西は社長就任以来、伊勢丹、三越のお互いのアイデンティティーを大切にしながら、どうやって統合の成果を出していくか、また、どうすればお互いの壁を壊し、お互いの間に橋をかけることができるかに腐心し続けている。

成果は同社の事業会社、三越伊勢丹の前年同期比四パーセント増の二四〇億円（二〇一五年三月期）という営業利益に表れている。

では、大西はどうやって統合を軌道に乗せたか。大西が一貫して訴えたのは、お互いのアイデンティティーを尊重することだった。大西自身、すでに統合準備委員会の一員のときから「〝伊勢丹ではこうしている〟と絶対言ってはいけない」と心掛けていた。

三越は一六七三年、三井高利《みついたかとし》が始めた呉服店「越後屋《えちごや》」が始まり。一九〇四年、「デパートメントストア宣言」を発し、日本初の百貨店となる。三越にはその歴史とＤＮＡを評価し、愛する、ロイヤルティー（忠誠心）の高い顧客が多い。今も呉服や美術品の取り扱いで三越にかなう百貨店はない。

一方、三越の顧客は年齢層が高くなっている。業界をリードし、日本の文化を生み出してきた三越のブランドを守るには、新しい顧客を開拓し続けなければならない。

大西が打ち出したのは、三越の売り場の改革だった。伊勢丹では自社のクレジットカードとシステムを駆使し、販売動向を科学的に分析する業務フローが定着していた。毎週顧客が買った商品を分析し、翌週以降の販売戦略や商品戦略を決めている。ＰＤＣＡ（プラン、ドゥ、チェック、アクション）を重ねて仮説を立てながら商売をする。その伊勢丹の業務フローを三越に導入した。

それと並行して、伊勢丹の販売のプロであるアシスタントセールスマネージャー数十人を三越に異動させ、社員の意識改革を徹底させた。これにより三越日本橋本店の現場は成果を上げていった。

「伊勢丹の販売のプロたちが三越で働き始めると、若い社員はすぐ業務フローを吸収し、働き方が変わりました。こうして育った若手は『三越だ、伊勢丹だ』ということにこだわりません。やがて壁はなくなりましたね」

見逃せないのは、大西は三越社員の強みを活かし切ることにも、腐心していたことだ。

「当時は『営業の伊勢丹、スタッフの三越』といわれ、三越はスタッフが強かった。そのため伊勢丹のスタッフ部門には、三越の社員に力を発揮してもらった」

さらに大西は、元来三越が有していた「革新的な姿勢」をアピールするため、三越の紙袋のデザインを変更する。過去にとらわれず、自由な発想を持とうとする意思の一つとして決断したという。三越ブランドを守り抜くという強い意思表示でもあった。

融合に拍車をかけたのは、大西による経営ビジョンの社内外への強力な発信であり、その実現に向けての改革の実行である。「仕入構造改革」「中小型店舗開発」など一連の改革は、全社一丸となって推進する活動ゆえ、全社員が目標や成果を共有する。社員たちは達成感を味わうと感動が生まれ、モチベーションが高まる。その結果、融合マインドが加速する。

大西は、改革により企業を成長させることこそが最も効果的な〝融合策〟になると確信する。

反発や批判に負けない胆力

優秀企業の経営者に共通するのは、過去の自分を否定し、過去の成功体験を否定し、会社のあり方を否定するということだ。変化するビジネスシーンにおいて、変わり続けない限り、継続はできない。それは過去、常識、慣習を覆し、イノベーション（革新）を継続して行うことに他ならない。それができる人材こそ「経営者」であり、その源は「胆力」にあると考える。

では、胆力、言い換えれば「覚悟」の源泉は何か。それは「使命感」である。使命感とは「志」「夢」とワンセットになっているものであり、「世のため、人のため」、「顧客のために尽くす」という思想からくる思いだ。

大西は二〇一二年、社長に就任以来、矢継ぎ早に改革を行っている。大西流で特筆すべきは、頭を低くして人の話を粘り強く、繰り返し聞くことから改革を始めていることだ。そのうえで、自分の思いを「こうしたいと思うけれども」と相談口調で穏やかに話す。対話は相手が納得するまで情熱を持って続ける。これにより、当初改革案に反対していた人、消極的だった人が賛同するようになった。

例えば、「仕入構造改革」に際しては当初一部の取引先からは「利益率が下がる」と反発を受け、社内にも「リスクを取るべきではない」と反対の声が上がった。また、営業時間の短縮も、社内はもちろん、多くの顧客から批判された。

しかし、大西には、改革は恒常的に利益を上げるため、つまり継続的社会貢献を行うためだという信念がある。企業は、利益を上げることを通じて社会に貢献する組織、と考えるのだ。仕入構造改革は営業利益を高めるためであり、営業時間短縮の目的は販売員のモチベーションを上げ、売り場のサービス力やおもてなしの質を高めることにある。大西が揺らぐことなく、改革に邁進する所以である。

そんな大西の〝胆力〟はどこから生まれたか。胆力はにわかにつけられるものではない。若いときからずっと、その有無が試され続けている。大西の場合、ミドル時代にマレーシアでの新規出店、伊勢丹新宿本店の「男の新館」のリモデルで、どんなに苦境に陥っても、辛抱してやり続ける粘り強さが証明している。「顧客のため」という使命感から生じたものであることは言うまでもない。

では、胆力を発揮するには、どのような姿勢や視座が必要か。

会社を変えたい、仕事を通じて社会に貢献したいという強い情熱と意欲、そして使命感だ。そのためには、①立身出世、毀誉褒貶《きよほうへん》に無関心、②自分への評価を気にしない、③裸になれること、などの条件が求められる。これらをクリアするにはリスクを覚悟しなければならない。同僚に煙《けむ》たがられ、上司に疎《うと》まれ、ときには孤独感に苛《さいな》まれることもある。大西は、自らのリスクを顧みず、これらの条件をクリアした。大西が「出たがり屋」と世間に揶揄《やゆ》されても、マスメディアに頻繁に登場し、信念を発信し続ける理由である。

そんな大西の使命感を強く引き出したのは、同社前会長の武藤信一だ。三越との経営統合を主導した同社の〝生みの親〟である。大西が武藤に評価されるようになったのは、「男の新館」のリモデルで成果を上げた営業部長のときからだったことは前述した。その後、役員に引き上げられた大西は、武藤の下で薫陶《くんとう》を受ける。常に「顧客のために」という顧客起点で考え抜くことを教えられた。武藤の胆力により「No.2」に育てられた大西はその志を継ぐ。

「三越伊勢丹を日本で最も社会的価値のある企業にする」という夢の実現に向けて走る大西にとって、最大の課題は複数のNo.2を育てることだ。

山本良一《やまもとりょういち》　J.フロントリテイリング社長
大抜擢人事で社長になった主将型リーダー

現場の〝腹落ち〟が重要

経営者の責任とは、企業のリーダーであることだ。役員をまとめ、中間管理職を引っ張っていくだけでなく、社員全体のリーダーでなければならない。リーダーであるためには社員一人ひとりに会社の理念やビジョンを伝え、全員がそれを共有できるようにすることだ。全社員が、会社はどこへ行こうとしているのか、どのような方法で達成しようとしているのか、そのためには自分が何をすればよいのか理解できるようにしなければならない。経営者の責任は、会社の行先を示し、そこに社員を導くこと、そしてその結果に対して自ら責任を負うことである。

J.フロントリテイリング社長の山本良一（六五歳）ほど熱心に、役員、幹部たちと経営会議を開いている経営者を、私は知らない。

山本は、毎朝九時から本社役員会議室で全取締役を集め、会議を行う。月曜日と木曜日は大丸松坂屋の取締役が出席、個別案件を報告する「グループ連絡会」、火曜日は同社執行役員と部門長が出席、グループの経営課題を共有する「部門長ミーティング」、水曜日と金曜日は同社執行役員が出席、経営課題を共有化する「JFR連絡会」といった具合だ。

さらに、山本は半期に一度のグループ役員合宿会議を同社の研修所で行う。参加者は同社の取締役と執行役員、大丸松坂屋及びパルコの各社長と取締役、関連事業会社の社長である。

山本が会議に固執する理由は何か。一言で言うと、抜本改革を推進するためのコミュニケーションの緊密化だ。つまり、山本の掲げ続けるビジョン「新百貨店モデル」の実現を追求すべく全社挙げての改革に取り組むための意思統一にある。山本が語る。

「経営は実行なのです。意思を統一し、全社一丸となって目標に向かって突き進む。そのためには、社長はビジョンや方向性についての自分の想いをしっかり伝え切る。そうしないと、現場が〝腹落ち〟しない。いくら『新百貨店モデルだ』と訴えても、現場が共鳴しなければ、現場は動かない。実行に移されないビジョンをいくら紙に書いても、結果は出ません」

新百貨店モデルとは、「低コスト運営と客層の拡大」を目指して掲げたビジネスモデルだ。今まで百貨店に入っていないブランドやショップを導入することにより新しい顧客を開拓する。同時に、メーカーが運営する「ショップ運営売場」にも社員を過剰に配置するなど、「高コスト・低収益構造」の旧来型百貨店から脱却、低コスト化を図るというもの。代表例は、大丸梅田店、大丸東京店、松坂屋名古屋店だ。二〇一一年売場面積を一・六倍に増床した大丸梅田店では東急ハンズ、ポケモンセンター。また二〇一二年売場面積を一・四倍に増床した大丸東京店では東急ハンズ、石井スポーツ。さらに現在改装中の松坂屋名古屋店ではヨドバシカメラ、H＆Mといった具合に、斬新なショップを導入し、客層を拡大している。

〝脱百貨店事業〟の証《あかし》は、事業範囲を百貨店以外に広げる「マルチリテイラー（総合小売業）戦略」の推進である。同社は二〇一一年に輸入生活雑貨店「プラザ」、二〇一二年に「パルコ」、二〇一三年に事務用品通販「フォーレスト」、二〇一五年にカタログ通販「千趣会」と次々と買収した。その結果、グループ全体の営業利益に占める百貨店事業の割合は、二〇〇七年の七八パーセントから二〇一四年には五四パーセントへと低下している。

山本良一

「百貨店一本足で商売が成り立つ時代ではない」

山本は、既存事業との相乗効果が期待できる事業のM＆Aの推進で、生き残りをかける。

このように山本は百貨店始まって以来の大構造改革に挑戦している。山本が自分の目で見、自分の耳で聞き、自分の頭で考え、自分の言葉で語り、自分の腹をくくるゆえんだ。今も、山本は、時間の許す限り、百貨店の店頭に足を運び、店舗の部長やマネジャー、社員と対話を重ねている。

山本は、愚直に自分の理念やビジョンを伝え続けることが、経営者が本気を伝える唯一の方法であると確信する。

No.2として二〇年

私は、会社の主役は常に社員でなければならないと考える。社員が主役になることで社員力が発揮され、会社は動く。トップの意思がトップにとどまっている限り、会社は動かない。トップの意思が社員に伝わり、社員の意思へと転換され増幅されるから、会社は動くのである。では、誰が、トップの意思を社員に転換させるか。この転換装置となるのが「No.2」だ。私の言うNo.2は、役職やポジションの「二番目」ではない。専務かもしれないし、課長かもしれない。企業を変え、成長させる主役である。トップの掲げる企業理念やビジョンを実現すべく動く人であり、そのため実質的に社員を動かす人のことだ。

山本もまた、No.2の役割を果たしてきた。それも先々代の下村正太郎《しもむらしょうたろう》（大丸創業家一二代目当主）そして先代社長の奥田務《おくだつとむ》（現J.フロントリテイリング相談役）の二代にわたり二〇年余り、No.2として活躍、同社の改革に貢献している。

一九七三年、大丸に入社し、神戸店の家庭用品部に携わった山本が、最初にNo.2的な役割を果たすのは一九八一年、梅田店の新店開設準備室に配属されたときだ。当時、大丸は大阪駅ビル内に開店する梅田店を、「新生大丸」を象徴する〝先進百貨店〟にしようと全社挙げて取り組んでいた。山本は、全体の指揮を執る奥田の下で、家庭用品担当の責任者として、売り場づくりを担当した。米国で最先端のマーケティング論を学んでいた奥田から、顧客ターゲットを定め、生活様式や価値観に合った商品展開を行う「ライフスタイルマーチャンダイジング」という考え方を教わり、実践に移した。

山本は、店のコンセプトに合う商品を買い付けるため、わざわざ海外へ足を運んだ。当時、百貨店のバイヤーが海外まで出かけて直接仕入れるケースはほとんどなかった。一方、売り場はターゲットとする消費者のライフスタイルに沿って商品を陳列するなど、新生大丸の具現化に努力した。図らずも、奥田流を社内に共有させるキーマンとなる。

その後、山本は梅田店の営業企画部課長、営業企画部長などを歴任、梅田店を利益を出し続ける店舗へと導く。

山本が〝No.2シップ〟をフルに発揮するのは、本社の営業改革推進室の部長に就任した一九九八年からだ。前年に社長に就任した奥田の下、百貨店の業務プロセスを根本から変える「営業改革」の責任者に指名されたのだ。

任務は、「最大の顧客満足を最小のコストで実現する仕組みを作れ」だ。すべての業務を顧客視点で見直し、三ヵ月でマスタープランを作成するよう命じられた。与えられたメンバーは四人。全業務調査を実施し、コスト構造、仕事のやり方、人材配置を分析した結果、いずれの業務も無駄が多く、高コスト体質になっていることが浮き彫りになった。そこで業務の標準化と効率化への取り組みから着手する。

「最も大事なのは接客、販売です。売り場の運営形態に応じて店頭業務を改め、社員が接客、販売に集中できる仕組みを作りました」

山本は、自社で仕入れて対面販売、商品選びを客の自主性に任せるなど、売り場運営形態を一八パターンに分け、合理的な要員配置の枠組みを作り、各店長に提示した。

問題は実行だった。過去の成功体験の否定に強い抵抗があり、中には悔し涙を流す社員も現れた。社員の意識改革から始めなければならない。山本は、奥田の想いを全社の部長、マネジャーに伝え、共有させることに心血を注いだ。毎週三日間、大丸の研修所に缶詰めになって、全国から集まった売り場担当者に改革の意義や大丸が置かれている状況をわかりやすく説明した。

改革は、まず小さな売り場で成功事例を作ると、一気に他の売り場も改革へと勢いづいた。

山本は二〇〇三年、大丸社長へ上り詰めるまで、No.2として奥田改革をサポートし続けた。

考えて考えて、考え抜く

成長する企業の経営者に共通するのは、自分の頭で考え抜くこと。一つ一つの意思決定について論理的に説明ができ、簡単に議論を断念しない。「常識」や「通説」、他企業の成功の形を無批判に受け入れない。逆に、成果の良くない企業の経営者には、他人の意見の無批判な導入や、同業他社のマネが多い。経営者が経営について、本を読み、勉強会を行うことはいいことだが、大切なのは知識を詰め込むことではない。それをきっかけにして、自分の頭で考えて考え抜くことだ。

山本は、考えて考え抜く経営者だ。旧来型百貨店を否定する山本は、業界の常識にとらわれてはいけない、顧客の変化に対してどうなのかだけを考えればよい、顧客の立場に立って満足とは何なのか、満足を最大化することだけを追求しろ、と言い続ける。

山本は、大丸営業改革推進室部長時代の一九九八年、社長の奥田から「最大の顧客満足を最小のコストで実現する」という課題を与えられた。参考になる事例は何もない。自分の頭で考え抜くしかなかった。

時代は、百貨店側が商品を自社で仕入れて売り切る「買い取り」形態から、商品の仕入れ、販売を取引先に委ねる「消化仕入れ」（＝ショップ運営売り場）形態にシフトしていた。にもかかわらず、全員が従来の買い取り形態だと思い込み、旧態依然の組織形態で人員配置をし、コストを上げていた。

買い取りと消化仕入れを区別した運営をしなければ業務に無駄が生じる。山本は、日頃現場で感じていたこの矛盾を解決すれば、低コスト化が実現できると考え、全業務の徹底調査を実施した。そのうえで、売り場ごとの特性を分類し、各売り場で働く社員の業務を明確化し、標準化するマスタープランを作成、提案した。山本が主導して考え抜いたプランだった。

山本は、大丸社長就任以降も改革を続行し、二〇〇九年、大丸心斎橋店北館のオープンで「新百貨店モデル」の先行モデルを作るところまで突き進める。今まで百貨店に入っていないブランドやショップを導入することにより、新顧客を開拓する。同時にメーカーの販売員が運営するショップ運営売り場にも社員を過剰に配置する高コスト構造の旧来型百貨店からの脱却を図る。

「ビジネスモデルを変えないと百貨店は生き残れない」。山本は危機感を抱く。百貨店低迷の原因は、マーケットの変化に対応してこなかったことにある。では、どうすれば、顧客層や品揃えの幅を拡大することができるか。その解の一つが新百貨店モデルという。

「二〇一一年に大丸梅田店を全館改装オープンした際には、百貨店という概念は持ち込まず、ユニクロや東急ハンズ、ポケモンセンターといったお客様が必要としているショップを入れました。今、百貨店の玩具売り場でプラモデルとか人形を置いても子供は喜ばない。人気のポケモンセンターだから、集まるのです」

二〇一七年開業予定の東京・銀座の商業施設は新百貨店モデルの進化形になるという。百貨店スタイルの売り場を作らず、すべてブランドやショップを入れる計画だ。

さらに、見逃せないのは、山本が「百貨店事業にこだわらない」と考えていることだ。その具現化が百貨店以外の事業領域を広げていく「マルチリテイラー戦略」だ。百貨店を中核にしながらも小売りのウイングを広げる。山本の熟慮断行である。

「判断の拠《よ》り所《どころ》は直感です。考えて考えて、考え尽くして、その中で閃《ひらめ》く自分の意思です」

考え抜くことの原体験は、入社二年目、在庫や欠品に悩まされていた大丸神戸店家庭用品部時代にある。当時、誰もやっていなかった単品管理を考えた。手計算で仕入れ、販売量、在庫を台帳につけ、商品の動きを把握する。売れる頻度に基づいて仕入れを行うと、在庫や欠品を大幅に減らすことができ、販売効率が高まった。

山本の考え抜く経営は続く。

修羅場の経験から見えてきたもの

私は、拙著『「使命感」が人を動かす』（集英社インターナショナル）で、改革を成功させている経営者を見ていると、会社の主流を歩み、順調に出世してきた人よりは、周辺部署や子会社で苦労した人物のほうが多い、と書いた。傍流の事業経験者や子会社への出向経験の長い人物だと、既存の事業にしがらみがないため、大胆な改革ができるということがある。さらに重要なのは、傍流組は客観的に会社を眺められる機会を得ているため、会社の裸の事実を冷静に認識し、改革しなければならない不合理な点をよく見出せることだ（傍流組の強みについては第四章で詳述）。

山本の場合はどうだろう。

山本は一九七三年、大丸入社以来、梅田店の営業企画課長、営業企画部長、本社の営業改革推進室部長、理事・営業改革推進室長を歴任し、随所で改革精神を発揮して改革を実行してきた。

現在も、「最大の顧客満足を最小のコストで実現する」を運営方針に掲げ、「新百貨店モデル」を推進する一方、百貨店以外のウイングを広げる「マルチリテイラー戦略」を展開し、今までの百貨店にないビジネスモデルの構築に挑戦するなど、改革の手綱《たづな》を緩めることはない。

山本はしかし、「傍流」出身の経営者ではない。海外子会社や厳しい環境に置かれた関係会社、事業部で傍流経験を積んだわけではないのだ。山本には子会社への出向や海外赴任など、中心の外から客観的に会社を眺められる機会を与えられたことは一度もなかった。

では、山本が自社を客観的に眺め、改革しなければならない不合理な点を見出せたのは、なぜか。山本の潜在的な問題意識を顕在化させ、改革意識にまで高めた奥田務のおかげに他ならない。

奥田は、米国の大学で欧米の百貨店経営を学び、日本の本社で育っていたら不思議には感じなかったであろう不合理性を実感していた。いわば奥田にこそ「傍流」の持つ客観性があった。奥田は、日本の百貨店の「マーケット対応力の弱さ」と「高コスト構造」を指摘し続けた。

そんな奥田に山本が最初に仕えたのは、大丸の梅田店新店準備室のときだ。米国流商品化計画に基づいて現場を仕切る奥田に、誰を顧客対象にするのか、どんな商品を構成するのか、店のコンセプトはどうするのかなど一連の店づくりのプロセスを叩《たた》き込まれた。

山本が改革を任され、死ぬ思いで悪戦苦闘するのは、一九九八年、社長の奥田に「営業改革推進室部長として現場の指揮を執れ」と命じられてからのことである。

山本は、改革の責任者として、経営の実践の場としての緊張感のある「修羅場」を経験した。仮説を立て、検証し、実行に移す。改革は奥田の改革から〝山本改革〟へと変わっていった。そして二〇〇三年、山本は部長からいきなり社長に大抜擢《ばってき》される。五二歳のときだ。内部登用で、役員経験のない人物が社長に抜擢されたケースは、私は他に知らない。当時、「一三人抜きの大抜擢人事」と業界の話題になった。

奥田からすれば、営業改革推進室は経営的な適性を試す場でもあり、そこで大きな成果を上げた山本は「経営能力がある」と高く評価されたということだ。

注目すべきは、山本は社長就任時に「改革を続ける」と宣言して以来、新百貨店モデル、マルチリテイラー戦略、そして不動産の有効活用を行う「アーバンドミナント戦略」と改革を加速させていることだ。

さらに、山本の企業改革の特筆すべき点は、自分の言葉で表現した自分の理念や方向性通りの会社運営を実行するという、まさに言行一致の断固たる実行にある。「高コストの壁」を打破し、高効率ローコスト経営を実現する。そんな山本の本気が全社に浸透していることは、同社の二〇一六年二月期の営業利益が過去最高の四八〇億円という数字に表れている。

山本は、同社を時代の変化に対応した新ビジネスモデルで成長させるという断固たる意思を持つ。

なぜ人は「ついていきたい」と思うのか

私はこれまで、多くの人が「喜んでついていく」人とは何かを問い続けてきた。多くの人が、「一緒に仕事をしたい」と熱望し、「ついていきたい」と慕う人物とは何か。それは、私が長年追い求めてきた一つの大きなテーマである「なぜ、成功する企業とそうでない企業に分かれるのか、成長し続ける企業と一代で霧散する企業に分かれるのか」に直結する経営トップの能力の問題でもあるからだ。

　山本は、多くの人が「共鳴してついていく」トップの一人なのだろう。それは、山本がＪ．フロントリテイリングを旧来型百貨店事業から脱却させ、新百貨店モデル、「マルチリテイラー戦略」などを推進、全社一丸となって新しいビジネスモデルの構築に向けて突き進んでいることからもうなずける。その成果は、二〇一六年二月期連結決算の数字――売上高は対前年一・二パーセント増の一兆一六三五億円、営業利益は同一三・九パーセント増の四八〇億円を見ればわかる。

　山本は、壮大なビジョンをぶち上げる一方で、綿密な実行計画を作成し、遂行する。そんな山本に「ついていく」人が多くいるのは、なぜか。

　山本が管理職になったのは、大丸梅田店の営業企画課長が最初だった。以降、営業企画部長、本社百貨店業務本部営業改革推進室部長を歴任するが、その間、貫いた姿勢は①部署の役割と目標を明確にする、②部下との対話を大切にし、部下の話をよく聞く、③部下への気配りを行う、④チームワークを最重視する⑤率先垂範して行動する、であった。

　特筆すべきは、営業改革推進室部長になってからの山本のすさまじい行動力だ。山本は、社長の奥田務から与えられた任務「最大の顧客満足を最小のコストで」を達成する。推進室のメンバー四人と一緒に、不眠不休で、全業務を調査し、業務の標準化を行った。同時に、売り場の運営形態に応じて仕入れや接客方法を見直し、売り場を分類し、要員配置の枠組みを作り、成果を重視する人事制度を導入した。

山本のぶれない、誠実な人柄がものを言ったのは、プランを実行するときだった。改革案は現場の守旧派から強い反発を受けた。しかし、山本は一歩も引かない一方、現場の人たちの苦しさもわかっていたため、一定の期間、新規採用を抑える「退社不補充」という施策を採った。リストラなど一切考えなかった。そして社員を配置転換し、活躍する場を与えることによって、顧客の開拓と低コスト運営の具現化を図ろうとした。

難題は社員を納得させることだった。山本は時間をかけて丁寧にやることを心掛けた。経営が健全な状況であっただけに、社員に危機意識を植え付けるのは至難の業と覚悟した。大丸の研修施設に、缶詰めになって、全国から集まった売り場担当者に営業改革の意義を繰り返し説明した。大丸の置かれた状況、未来に向けたビジョン、社員の意識改革の必要性、顧客満足とローコスト運営の追求について粘り強く、誠実に説明し続けた。

改革が奏功したのは、ぶれない決断と爆発的なエネルギー、そしてリーダーとしての胆力、覚悟を、山本が持っていたからに他ならない。

その覚悟の原点は明治大学バスケットボール部時代にある。明大では主将を務め、インターカレッジで三連覇した。優勝に向かってチームを引っ張っていくリーダーシップはこのときに培われた。山本が思い返す。

「主将は自ら率先垂範して練習する、声をかける。主将が率先垂範してやらなかったら部員はついてこない。『あの人だったらついていこう』と部員に思われる主将でなければ優勝は目指せない。ただ指示するだけの主将には部員はついていかない。『日本一』という旗を掲げ、それに向かってみんなが心を一つにする。これは監督でもコーチでもない。主将の役割です」

百貨店を変える——。山本改革に目が離せない。

第三章　「サラリーマンの決意」が会社を救うとき

小路明善《こうじあきよし》 アサヒグループホールディングス社長

多くの異動や転勤を生き抜いてきた「あきらめない」精神

烈火のごとく怒った樋口

私は、拙著『幸運思考』（講談社）で成功をつかむ人には八つの共通点があると書いた。①逆境でも「自分は運がいい」と思える人、②小さいころから「夢」を持っている人、③「志」を抱いている人、④あきらめない人、挫《くじ》けない人、⑤気配りのできる人——など。このうち、とりわけサラリーマンにとって重要なのはあきらめないことだ。組織の人間は、必ず何かで失敗したり、つまずいたりする。途中でうまくいかずに、挫折感に苛《さいな》まれても、決して挫けないで、やり続けることができるかどうか。これが成功と失敗の分かれ目となる。

二〇一六年三月、アサヒビールの社長から持株会社アサヒグループホールディングスの社長になった小路明善（六五歳）は、アサヒビール社長就任以来、「あきらめない人づくり」「あきらめない経営」を繰り返し訴えている。小路が言う。

「アサヒビールが後世に伝えていくべきＤＮＡは〝挑戦する集団〟です。私はこれを『あきらめない経営』と称し、社員には『あきらめたら負けだよ』と言い続けています」

小路自身、「あきらめない人」を地でいくようなサラリーマン人生を送ってきた。入社以来、支店販売課、労働組合専従、東京支社営業部長、人事戦略部長、アサヒ飲料専務取締役などを歴任、常に新しいことに挑戦、直面する困難から逃げないで、忍耐強くやり抜いてきた。

決して順風満帆というわけではない。十数回の異動や転勤を経験している。入社一年後の転勤は同期の中では小路一人だけだった。それも当時アサヒビールのシェアが数パーセントという厳しい市場の東北への転勤だった。「どうして自分だけが」と落胆したが、決してあきらめなかった。

小路明善

四〇代で人事課長の辞令をもらったときも、「営業の経験しかない僕がどうして人事の仕事を任されるのか」とショックを受けたが、挫けずに一から猛勉強し、次々と新人事制度を作り上げていった。年功序列にとらわれず、成果を上げた管理職を飛び級で昇進させることを可能にした新「人事制度」、社員個人の能力や性格と各職務に必要な人材像をそれぞれ分析したうえで、適性の高い職種に配属する「人材棚卸し制度」などがそれだ。

小路は常に常識や前例にとらわれず、自らが考え抜いて独自のやり方を開発してきた。東京支社営業課長のときには、部下の評価を手帳に書く「評価手帳」を考え出した。表を作成し、縦軸に部下全員の名前、横軸に一二ヵ月を記入し、毎月末に部下一人ひとりの評価を記しておく。評価面接の際に、この表に基づいて話をすれば、相手も納得してくれる。この手法はその後人事部でも部下を正当に評価するデータとして活用した。

小路の「あきらめない」精神はどこから生じるのか。「私は昔から〝上昇志向〟が強く、〝負けず嫌い〟なのです。あきらめないのはあきらめたら負けと思うからです」と言う。小路のすさまじいまでのパワーの源泉は「上昇志向」にある。それは単なるステータスとしての肩書欲しさや出世欲ではない。仕事のアウトプットを喜びとし、やりたいことを叶《かな》える手段としての権限を得るために他ならない。

ときには、上司とぶつかることもある。労働組合書記長のとき、労使経営諮問委員会の席で社長の樋口《ひぐち》廣太郎《ひろたろう》に激怒された。樋口は、「これからは新しい商品を供給する。古い在庫は市場から引き揚げる」と宣言した。それに対し「在庫の引き揚げは業界初のことです。それに億単位のカネがかかる。いかがなものか」と異論を唱えた。すると樋口は「新しいビールに替えて市場をよくしようという経営判断を下したのに、「何を言う」と烈火のごとく怒った。小路は引かなかった。会社を良くしたいという使命感からだった。

あきらめない代表例は、五〇歳で子会社のアサヒ飲料へ転籍したときのことだ。過去に転籍して帰任した例はなかっただけに、会社を去ることは悲しかった。小路は挫折感に苛まれたが、二度と戻れないものと覚悟し、「ここで骨を埋めよう」と心に決めた。以降、社長の荻田《おぎた》伍《ひとし》の下、赤字続きのアサヒ飲料の再建に心血を注ぐ。

縮小する市場に投入した派生商品の成功

経営は、「現実であり、論理ではない」といわれるが、持続的成長を遂げている企業の経営者は、実に論理的であることは前にも触れた。自分の行った判断や意思決定について論理的に説明することができる。なぜ、そうするかについて徹底的に詰めて考え、たとえ失敗した意思決定についても、きちんと説明ができる。つまり、考え抜くことは好運と愚直《ぐちょく》と根気の「運・鈍・根」の成功三条件の大前提となるわけだ。

小路もまた、業界の常識、通説、他企業の成功の形を無批判に受け入れることなく、自分で考え抜いてビジネスモデルをつくる。その代表例は、ブランドの資産価値の拡大だろう。小路は、「メガヒット商品の派生商品は出さない」というビール業界の常識を疑った。社内の一部の抵抗に遭《あ》いながらも、派生商品の投入によってメガブランドの資産価値を拡大することを考え抜き、派生商品戦略として結実させた。

小路はアサヒビールの社長になると、直ちに〝ブランド資産最大化〟戦略を打ち出し、メガヒット商品「スーパードライ」の派生商品を次々と投入した。二〇一二年にはスーパードライの黒ビール「ドライブラック」、二〇一三年にはギフト限定「ドライプレミアム」、二〇一四年には通年販売の「ドライプレミアム」、二〇一五年には期限限定のピンク色のパッケージと超辛口の期限限定の「エクストラシャープ」といった具合である。派生商品は同社の売上高、営業利益の拡大に貢献、四期連続増収増益の最大要因となった。

見逃せないのは、小路は費用対効果の面からも派生商品のメリットを見出していたことだ。

小路は言う。「機軸ブランドの派生商品は新ブランドの商品よりローリスク、ハイリターンなんです。スーパードライの冠を付けた商品は安心して買っていただけるが、新ブランドは支持されるかどうかわかりません」

小路がスーパードライの派生商品を考え抜いたのは社長としての使命感からだった。小路がアサヒビールの社長に就任したのは、アサヒビールが持株会社（アサヒグループホールディングス）の酒類事業を手掛ける中核会社として設立された二〇一一年七月。課題は、縮小の一途をたどる国内ビール市場への対応だった。同社も、市場シェアは五〇パーセントを超えているものの、出荷数は減少し続けていた。

小路が派生商品を考え始めたのは同社常務取締役時代で、ブランド力は放置すると低下するという問題意識からだった。どうすればブランド力を維持することができるか。そもそもブランド価値とは何か。スーパードライなら、のどごし、切れが良いといった物性価値と、壮大性や躍動感を感じさせる情緒的価値から成る。これらの価値を深化させるのがメーカーとしてのわれわれの使命だ――。小路はブランド強化を考え続けていた。

そんな折、ある食品会社の知人から「派生商品」について話を聞く機会があった。その食品会社は機軸商品の派生商品戦略で成功を収めていた。「これだ」。小路はひざを打った。そこから本格的な派生商品の研究が始まる。小路は派生商品の実態を調査し、成果を上げている製菓会社や自動車会社のマーケティング担当からその効果を聞いた。派生商品投入に自信を持った。

社長になると、満を持して派生商品戦略を打ち出した。ところが、社内に抵抗があった。「先輩たちが苦労して築き上げたスーパードライのブランドに手をつけていいのか」「マーケティングに携わったことのない社長がタブーを破っていいのか」――。

しかし、小路の決意は揺るがなかった。その結果、スーパードライ・ブランド合計の出荷数は、一九八九年発売以来、二七年連続で一億箱を突破するという快挙を成し遂げる。

小路が業界の常識を覆して実行した派生商品戦略は今や業界の通例となっている。

社員を信じて戦略を立てる

経営者が自分のビジョンや理念を徹底するための一つ目の条件は、自分の言葉で語る〝顔の見える経営者〟となることだ。愚直に自分のビジョンを自分の言葉で何度も繰り返し伝え続けることが本気を伝える唯一の方法であることはすでに述べた。二つ目は、言行を一致させること、すなわち、自分の理念や方向性通りの会社運営を実行し、理念、ビジョンを形骸化させないことだ。言行不一致は経営者が何も語らないよりさらに悪い。社員が経営者の本気を信じなくなり、経営者と社員の間の信頼関係が破壊されてしまうからだ。

小路は、自分の理念「総合酒類提案企業として新価値創造に挑戦する」を繰り返し語り続けている。アサヒビールの使命は、単にモノを売るのではなく、新「価値」を売ることにある。そのため、開発生産に携わる人間は、のどごし、切れがいいなど「物性価値」を高め、マーケティングを行う人は、爽快感、壮大感などを感じさせる「情緒価値」を高める。そうして、「スーパードライ」など各商品のブランドに付加価値をつける。

対象はモノだけではない。コトに対しても価値創造を追求する。営業の人間は、得意先の課題解決でお役立ちを行うという付加価値で優位性を高め、また管理部門は、営業の人間が効率よく働けるという付加価値のある制度をつくる。全社挙げて価値を高めることを考え抜く集団にならなければならない。

小路は、アサヒビールの社長就任時、自ら国内にあるすべての事業所を回り、自分の言葉で、自分の理念を語る伝道を行っている。現在も、毎月一回の「社長朝礼」で、自分の考え方を伝える一方、年六二回の得意先訪問や、年一〇三回の社内外の懇親会（いずれも二〇一五年実績）などでも、自分の考え方をしっかり語る。

小路の言うことに社員が納得するのは、本気を信じているからだ。理由は小路が言行を一致させていることにある。

例えば、ブランド価値を拡大する基軸商品の派生商品戦略。「スーパードライ」、「クリアアサヒ」などの派生商品で成果を上げている。また、総合酒類企業化戦略でも実績を重ねている。ノンアルコールビール「ドライゼロ」は大ヒット、洋酒も「ジャック・ダニエル」を取り扱い開始した他、ニッカの商品群を拡充、ワインも輸入商社「エノテカ」を買収するなど事業を拡大し、ビール依存型事業構造から脱却しつつある。さらに、「コト」を提案する企業化戦略も、氷点下ビール「エクストラコールド」ディスペンサーを開発するなど一歩踏み出している。

小路流で注目すべきは、社員を信じていることだ。「社員はロイヤルティー（忠誠心）が高く、頑張ってよく働く」ことを前提に戦略を立てている。社員のモチベーションが上がらないのは、戦略自体に誤りがあるからだと認識する。小路は言う。

「大事なのは、〝勝てる戦略〟を打ち出すことです。そうすれば社員は持てる力を発揮し、成果を出す。成果が上がれば達成感が得られ、再びモチベーションが高まります。戦略こそがキーポイントになります」

小路の立案した戦略が社員のモチベーションを高める全社最適の戦略であることの証左は、四期連続増収増益の達成にも見出せる。

では、全社最適戦略はどうやって生み出されるか。発想の原点は、どうすれば顧客に新しい価値を提供できるかという「顧客起点の価値創造」にある。顧客に一番近い現場にこそ正しい戦略の「解」があると考える。そのため、小路は、現場主義を貫き、常に現場社員との距離感を縮めることに心を砕くのだ。

小路は、幹部に対しても「現場主義」の重要性を説く。経営、マーケティング営業、生産の三つの会議は毎週月曜日に集中して開き、火曜日以降は、幹部全員が顧客や市場を回り、現場の生の情報を十分に収集できる機会をつくっている。

小路が自己の存在をかけて策定する戦略から目が離せない。

経営に〝距離感〟の観点

私は、拙著『「距離感」が人を動かす』（講談社＋α新書）で、人を動かす対人関係論を書いた。

人間関係はゼロからスタートし、一年、二年と歳月を重ねていく。そうした時間の積み重ねを「関係年齢」と呼んだ。出会ったのが三年前であれば二人の関係年齢は三歳でしかない。そのことを意識していないと、相手との距離感がわからなくなってしまい、「あの人のことなら、なんでもわかっている」という錯覚が生まれる。それは危険なことだ。

人と人との間には、越えてはならない〝心の分水嶺《ぶんすいれい》〟が必ず存在するからだ。その一線を越えて友達感覚になってしまうと、つい気が緩んで立場をわきまえない言動が出てくるようになる。私自身、親交のある経営者に「狎《な》れるなよ」とたしなめられたことがある。狎れるという言葉には、「親しみすぎて礼を欠く」という意味がある。私は距離感を見誤り、会食の席でつい慣れ慣れしくしすぎて、越えてはならない一線を越えてしまった。この一件で、私は人間関係を長続きさせるには、心地よい緊張関係が生まれる距離感を意識することが必要だと学んだ。

小路は、距離感を大切にしている。相手との距離は短すぎても長すぎてもいけない。常に心地よい緊張関係が生まれる距離の取り方を心掛ける。人間はみな、性格も、考え方も、価値観も異なる。だからこそ、自分は相手のことをわかっていないことを前提に付き合わなければならない――。

小路流の特徴は、経営手法に「距離感」の観点を採り入れていることだ。とりわけ、「社員との対話」「人材育成」「モチベーション」などマネジメント手法に色濃く反映されている。

例えば社員との対話。社長と社員との距離を縮めることが目的という。小路が社長就任以来、週一回事業所を回り、得意先との懇談会の後必ず居酒屋で社員と対話しているのはそのためだ。

「顔を突き合わせて話すと、社長と社員との距離が一気に縮まる。すると、月一回全社向けにメッセージを発したときも、社員が耳を傾けてくれる。『一ヵ月前に会ったあの社長だ』とメッセージが腑《ふ》に落ちる」

社員との距離が縮むと、社員のモチベーションが高まる。社長の打ち出した戦略を実行するとき、社長が現場の声を聞き、現場の苦労を知っていれば、社員は一層元気付けられる。

小路流は、社員の評価の仕方にも表れている。小路は努力を評価する。

「能力の高さは人によって違いますが、努力の量によってその差は埋められるし、越えられる。どれだけ努力したか、努力の量で成果は決まると考えます。非凡な努力ができるかどうか。それを評価基準にしています」

人材育成にも、距離感の観点を採り入れている。小路は、部下の育成は、上司のコーチングで決まるという。部下に頭ごなしに指示するのではなく、部下が自らの問題点に気づき、自ら考えて工夫するように導くことが大事だと考える。

「営業マンなら、上司が同行して、『どういう話し方をすればいいか』『どうすればお客様の心を動かせるか』などと質問しながら、一緒に方法を考えていく。そして自分の力で答えを出してもらう」

さらに注目すべきは、人材育成で大事なのは、上司が部下の強みと弱みを把握することであると考えていることだ。部下を理解しなければ、その強みを伸ばし、弱みを改善することができないだけでなく、間違った方向に導いてしまう可能性がある。

相手を理解する——。小路は事業所に赴くときは、事前に活躍している社員の情報を調べ、得意先を回るときは、社長についての情報を収集する。相手を理解することは礼儀とわきまえる。

心中熱き小路が、一見冷静な人間にみられるとすれば、どんな親しい人にも狎れることなく、「親しき仲にも礼儀あり」を地で行くような生き方をしているからである。

労組専従経験から生まれた覚悟

経営者に求められるのは「決断」だ。決断することは、場合によっては自己否定、過去の否定につながりかねない。それだけに、決断を下すには「覚悟」と「胆力」を要する。

ビジョンや目標は誰でも描ける。しかし、それを実現すべく実行となると覚悟と胆力が要る。新しいことに踏み出すときは、なおさらである。胆力がなければ、使命感を行動に移すことも、意思を貫き通すこともできない。

経営者は失敗を恐れずに絶えず新しいことに挑戦しなければ企業は成長しない。したがってトップたる者、失敗を恐れない胆力が必要となる。

小路ほど、信念を貫き通す〝胆力の人〟は多くはいない。まさに胆力と覚悟で同社を〝優秀企業〟に成長させたと言っても過言ではない。

大成功を遂げた、東日本大震災で全半壊した同社福島工場の早期再開も、二〇一二年から開始した「スーパードライ」の派生商品の発売も、いずれも多くの反発や異論を押し切って成し遂げた実績である。もし、「風評被害」を恐れて、基幹工場の一つである福島工場の被災八ヵ月後という早期再開に踏み切らなければ、またスーパードライのブランド資産の低下や〝共食い〟を恐れて派生商品の投入に挑戦しなければ、同社の持続的成長の実現は困難だっただろう。

小路の挑戦はそれだけではない。ビール会社社長としては初めて「ビール依存の脱却」「夏場依存の脱却」を経営方針に掲げ、ノンアルコールビールの開発、ウイスキー商品、ワイン商品を拡充する一方、ワイン商社「エノテカ」を買収するなど、随所で胆力ぶりを示している。同社の四期連続増収増益の達成は、そうした挑戦の結果である。

胆力は一朝一夕につけられるものではない。前述したように、胆力を持つ人間には共通項がある。繰り返しになるが、①立身出世、毀誉褒貶《きよほうへん》に無関心、②自分に対する評価を気にしない、③弱みを見せられる、④何があってもへこたれないことと書いた。このうち、一つでもクリアできないものがあると胆力は持てない。ましてや自分にとって「得になりそうなこと」ばかり選んでいる人には難しい。

小路の胆力ぶりを表すエピソードは枚挙にいとまがない。例えば、前述したように「古い在庫を一掃する」と宣言する社長の樋口廣太郎（当時）に向かって、労働組合書記長の小路は「余分な費用がかかる」と反論した。人事部のときには、個々の社員の強みを伸ばす「人材棚卸し制度」、成果を上げた人の原理原則を参考にする「コンピテンシー制度」など次々と改革を断行し、新しい人事制度を採り入れた。アサヒ飲料の自販機管理子会社社長のときも、朝早くから肉体労働をしている社員の士気を高めるため、全国の拠点を回り、持参したまんじゅうとお茶で全社員と対話を行うという新たな試みを行った。

小路の口癖は「前例にとらわれるな。新しい取り組みをしよう」。言葉通り、小路は随所で体を張って蛮勇を振るってきた。他社との戦いに勝つ前に自分との戦いがある。常識や慣習を疑い、変化に対応しながら自己変革を続け、正しい利益追求を行う。それが自分の使命である。

その原点は労組専従時代にある。一九八〇年代、同社は苦境にあえぎ、希望退職を実施した。小路は肩たたきをするうちに、自分は何のためにこの会社にいるのか、わからなくなった。ある折、辞めていく人が言った。「声なき声を聞いてくれ。多くを語らずとも地道に会社のために努力している人間の声をしっかり聞く人間になってほしい」

それこそ自分の使命だと思った。そして二度とこんな悲しいことは繰り返してはいけないという思いが会社の発展に尽くす覚悟となっていく。

企業の永続性と社会貢献

持続的成長を遂げる企業には、「利益を上げることを通じて長期にわたり社会に貢献することを目的とする組織」という企業観がある。企業の社会貢献とは、価値ある商品やサービスを顧客に提供することを通じた世の中、社会への貢献である。価値創造なくしては、企業は継続できない。顧客にとっての付加価値を提供することが会社の存在意義だからだ。

資本市場ばかり気にし、顧客、すなわち製品やサービスの市場をないがしろにする企業は存在価値がない。だから、顧客に評価される企業は生き残り、評価されない企業は社会から退出させられる。つまり、持続する企業は「世のため、人のため」という企業文化を醸成しているのである。

小路も、歴代の社長が企業に埋め込んできた「世の中、社会のために仕事をする」という使命感の企業文化を継続させている。アサヒビール社長時代の五年間、小路は顧客へ付加価値を提供することに腐心し続けた。その結果、スーパードライの派生商品、ノンアルコールビール「ドライゼロ」などを発売し、大ヒットさせた。また、総合酒類企業としてワイン商社「エノテカ」の買収をはじめ、取り扱う輸入ワインや洋酒の商品群を拡充し、非ビール事業を飛躍的に成長させた。その証《あかし》が、売上高九七二九億円（前期比三・三パーセント増）、営業利益一一八七億円（同一・五パーセント増）というアサヒの酒類セグメントの二〇一五年一二月期決算数字だ。小路は酒類事業をアサヒグループホールディングス全体の約八割を稼ぐ事業に育てている。

小路が心を砕いたのは、社員の価値観の共有化だ。アサヒは、多くの日本企業が廃止している「社長表彰制度」を現在も継続させている。小路が選考の際に心掛けたのは、見えないところで頑張っている社員にもスポットライトを当てることだった。

「例えば、お客様相談室のお客様対応チーム。先般の東日本大震災による商品の欠品で、お客様からの問い合わせが相次ぎました。そんな中、お客様対応チームは根気よく、的確に対応してくれました。また、震災後、徹夜作業で驚異的なスピードで物流網を回復してくれた東日本物流部も表彰しました。このように、なかなか注目されることのない人やチームを掘り起こして紹介することが会社全体のやる気を高めることにつながる」

こうして、顧客のため＝「世のため、人のため」に努力する人たちにスポットライトを当てることによって、社会のために仕事をするという価値観の企業文化を当然の文化として認識させている。そうした企業文化を共有することで、社員のベクトルを合わせることができる。その結果、社員のベクトルが経営者のベクトルと合い、会社が永続する。

そうした企業文化を組織の隅々まで浸透させているのが、先輩社員が新入社員の指導に当たる「ブラザー・シスター制度」と、各部署で頻繁に行われている「社内懇談会」だ。小路自身も、ブラザー制度で顧客基点を教わり、懇談会で〝アサヒ精神〟を学んだ。いずれも企業文化を育む装置となっている。とりわけ、懇談会は、「ビールデー」を各事業部、本社とも年数回実施、その他、会議に付随した懇談会や社員同士の飲み会も以前に増して頻繁に行われるなど、年々盛んになっている。

小路率いるアサヒグループホールディングスの最大課題はグローバル化である。これまでも前社長の泉谷直木《いずみやなおき》（現会長兼CEO）の下、M&Aを加速させ、中国に加え、オセアニア、アジアへと進出している。さらにここにきて、欧州のビール会社数社を買収、欧州への本格進出の足掛かりを得ようとしている。

「今後は海外に打って出ます。世界大手のインベブ社やサブミラー社と違う戦い方をしていく。世界に広がる和食文化に乗じて、日本のビールを広めていく」

植木義晴《うえきよしはる》　日本航空社長
会社再建に尽くすパイロット出身の異色経営者

経営破綻後に役員就任

成功する人の共通項は、逆境でも、「自分は運がいい」と思える人であることだ。人は誰しも同じような体験をして、同じような経験をする。それに対して、「運がよかった」と思えるような人が成功する。例えば、相性の悪い上司についたときや、左遷されたときに、投げやりになったり、ふて腐れたりしない。自分を鍛えるいいチャンスだと考える。そして、失敗したとき、その原因を他人のせいにしたり、タイミングや環境のせいにしたりせず、すべて反省の機会に置き換えられる人が、成功する。

日本航空社長の植木義晴（六四歳）も、「自分は幸せだ」と考えている一人だ。逆境に陥ったときも、悲観しない。転機を迎えたときも、逃げない。常に自分への「試練」と肯定的に捉え、覚悟を決め、決断する。あとは目標を目指して努力を重ねる。

植木は、航空業界始まって以来初のパイロット出身の異色経営者。急遽、経営破綻《はたん》した日本航空の役員に抜擢《ばってき》され、その二年後、社長に就任した。人の生きざまは逆境に陥ったときに特徴が表れる。植木の場合、「覚悟」と「挑戦」だ。

植木が迎えた人生の大きな転機は三度ある。最初は、航空大学への入学だ。パイロット志望の植木は、宮崎県の航空大学を受験したが、失敗する。慶応大学へ進んだものの、再挑戦すべきかどうか、心が揺れていた。夏休みで実家に帰ると、机の上に航大の入学願書が置かれていた。母親が取り寄せたのだ。「このまま諦《あきら》めるの？　男として、もう一回挑戦しなくてもいいの？」。母親のこの一言で、植木は発奮し、夢を叶《かな》えることができた。三五年間のパイロット人生の起点となった。

二度目は、日本航空役員に就任する二〇一〇年二月に訪れた。その数週間前、日本航空は会社更生法適用を申請、経営破綻した。当時、植木は日本航空の子会社ジェイエアの副社長兼機長を務めていた。日本航空の幹部から、「役員として日航の再建を支えて欲しい」と電話があったのは破綻からほぼ一週間後のことだった。打診されたポストはパイロットの管理などを任される運航本部長で、仲間のリストラが主な仕事になることはわかっていた。

「考えたのは、悔いのない人生を送ることでした。ここで操縦桿《そうじゅうかん》を置いていいのか。会社再建に尽くさなくてもいいのか……。倒産した会社から自分だけ先に逃げ出すことだけはできないと思った。だったら、この困難を乗り切るために、やってやろうじゃないかと決心したのです」

役員に就任すると、覚悟していた通り、過酷な日々が待っていた。「案の定、同僚の本部長たちから愚痴が出る。帰りにいつも一緒に飲みに行って、お互いに愚痴をぶつけ合う。そういう場がないと、もう持たなかった」と植木は言う。

ある日、京セラ名誉会長で日本航空会長の稲盛和夫《いなもりかずお》に心境を吐くと、「大義は何か」と問われた。「残された三万二〇〇〇人の社員とその家族を救うことではないのか」。その一言で植木は吹っ切れたという。

植木義晴

三度目は、専務執行役員路線統括本部長への就任だ。稲盛経営は、社員の意識改革を行うための「ＪＡＬフィロソフィ」と「部門別採算制度」を導入、抜本的改革を推進していた。路線統括本部は日本航空に稲盛経営を移植するための枢要な戦略部門だ。植木は全力で挑戦し、大きな成果を上げ、二〇一二年二月、社長に就任した。社長としての最初の難関は株式再上場だった。さまざまな困難に直面し、実現までに紆《う》余《よ》曲《きょく》折《せつ》があった。一方で、社長として「社員を守らなくては」と力が入りすぎていた時期でもあり、精神的に追い詰められていた。そんな折、空港ですれ違ったある客室乗務員の、「植木さん、もう十分よ。あとは私たちが頑張るから、もうちょっと楽にしていてくれたら」という言葉に救われた。

「このとき、僕は、逆に社員に生かされていると思った。社員が幸せになり、いきいきと働いているのを見るのが、僕にとって一番の喜びであり、幸せだと実感したのです」

胆力の源泉は機長経験

胆力は、経営トップの絶対条件である。なぜか。継続するには昨日と同じではいけない。過去の自分を否定し、過去の成功体験を否定し、前任者を否定し、会社のあり方を否定する。変化するビジネスシーンにおいて、変わり続けない限り継続はできない。それはつまり、過去、常識、慣習を覆し、イノベーションを継続して行うことに他ならない。それができる人材こそ「経営者」であり、その源は「胆力」にあると私は考える。では、胆力、言い換えれば「覚悟」の源泉は何か。「志」であり、「使命感」であり、それこそが経営者に必要な、最大にして最重要の資質である。

植木義晴も胆力のある経営者の一人だ。それは、パイロットから経営破綻した日本航空の役員への転身を一大決意したことに表れている。

役員就任を打診されたとき、植木は三日間、考え抜いた。自分の能力は飛行機を飛ばすしかない。その唯一の財産を捨てても悔いはないか。選択肢は、役員就任を受けるか、会社を辞めるかの二つに一つ。役員就任を断ったら困難から逃げたことになる。ならば、この会社を二度と潰《つぶ》れない強い会社に再建させることに全精力を傾けよう――。

その後の植木の行動や決断は、すべてそのときの覚悟に基づく。役員として大リストラの敢行、「部門別採算制度」の深化、社員の意識改革の推進など再生に心血を注いだこと、社長として株式再上場の具現化をはじめ、役員間の意思の疎通を図る「役員合宿」の実施、成長戦略の策定・実施を行う「事業創造戦略部」の設置など……。目的は一つ。日本航空を「筋肉質の会社」にすることにある。植木が言った。

「僕の財産は機長としての経験です。その中の一つに、自分を全部さらけ出すことがある。フライトのとき、相手にするのは自然と機械だけ。それだけに偽りはきかない。偽りの、格好つけることをやっていたら多くの人の命を失う。だから常に本音で飛行機を飛ばさなければいけない。それは社長も同じことです。乗員の間に培ってきた自分なりの考え方、規範、基軸を正直にぶつけていくしかない、と腹をくくりました」

覚悟の源泉は何か。

「操縦桿を置いたとき、僕は、三五年間、好きなパイロットの仕事を続けられ、本当に幸せだと思った。みんなにも、辞めるとき、この会社で働いて幸せだったと感じてもらえるような会社にしたい」

社員の幸せとは――。社員が自分の頭で考え、自らの責任で行動する、そんな企業風土を作る必要がある。社員一人ひとりがＰＤＣＡ（プラン、ドゥ、チェック、アクション）を回せる会社にする。そうすれば、目標を達成したときの達成感は深い感動に変わる。仕事に楽しさを見出し、生きがいを感じるようになる。その結果、会社へのロイヤルティーが高まり、一層やる気も出てくる。

注目すべきは、植木の基本的な考え方は乗員時代から変わっていないことだ。例えば、「会社の中心は社員」という持論。それだけに当時の日本航空会長の稲盛和夫が提唱する「社員の幸福追求」に強く共鳴する。

「人間は誰でも、状況を認識して判断するところまではできる。乗員はさらに、決断し、実行しなければならない。トラブル発生時には最低限の安全を確保できる方法を見つけ、早急に実行。しかも、刻々と変化する状況に合わせて修正する。仮説を立て、実行し、修正する。ずっと以前から、乗員は当たり前のようにＰＤＣＡを実践してきた。それを全社員に浸透させる」

状況を先読みし、リスクを最小限に抑え、フライトを安全に遂行する判断、無謀ではなく、大胆に素早く決める力。さらに、常にものごとをシンプルに捉え、本質をつかむ――。植木が機長時代に培ったものだ。そんなパイロットの「知」と実直な人柄が稲盛に見込まれたのだ。植木の最大功績は全社員に企業風土の抜本改革の必要性を納得させたことである。

現場との対話にこだわる理由

経営者の責任は、社員一人ひとりに自分の理念、ビジョンを自分の言葉で粘り強く、繰り返し語り続け、全員がそれを共有できるようにすることだ。つまり、会社の行く先をはっきりと示し、そこに社員たちを導く。

植木は社長就任以来、愚直に自分の理念やビジョンを自分の言葉で何度も言葉に出して伝え続けている。植木がいかに社員との間の「顔と顔のコミュニケーション」に心を砕いているかは、年四〇〜五〇回という対話会の多さを見ればうなずけよう。例えば、月一〜二回、ＪＡＬのイベントが行われる出張先での社員との車座ミーティング、毎月数回の、重要顧客を見送りする成田・羽田両空港での現場との対話、ブリーフィングスペースでの乗員・客室乗務員との対話。ＪＡＬの海外支店でも、積極的にコミュニケーションを行っている。ジャカルタ、ロンドン、フランクフルトなど八つの海外支店で対話を重ねることもあった。

植木が現場との対話にこだわるのは、日本航空を「現場中心の会社」に作り直すという〝使命感〟からである。グループ社員三万二〇〇〇人の扇の要《かなめ》となって、社員一人ひとりと信頼の糸をつなぐ経営陣をつくり上げ、社員が働きやすい環境を整える。そうすれば、あとは社員が自分の頭で考え、自分の責任で動くようになれば日本航空は筋力の強い会社に生まれ変わる。今、必要なのは全社員の力を結集することだ――。京セラ創業者の稲盛和夫に社長を託されて以来、植木が抱き続けている使命感だ。

植木が社員に訴えたいことは、管理職昇格試験の最終面談の際の言葉によく表れている。植木は、新任管理職一人ずつと握手を交わし、「どんな会社をつくりたいか」という話をする。そして、「僕は、全社員と信頼の絆《きずな》を結びたいと思っている。君たちが自分の一〇人の部下と信頼の糸をつないでくれ。そうすれば僕が君たちリーダー一〇〇〇人と信頼の糸をつなぐことで、一万人が底辺から動き出す。僕が目指す会社に賛同ができるなら、手伝ってくれないか」などと話す。最終面談した新任管理職は、およそ三〇〇人に達する。

対話のもう一つの目的は、商売の生の場である「現場」の現状を把握することである。現場で何が起こり、社員はどういう状況に置かれているか。経営者自ら現場に出かけて、情報ソースを直に現場に持ち、現状を把握することは経営の要だと植木は認識する。

日本航空の体質を変えなければならない――。経営破綻する前の日本航空は、「親方日の丸」の意識が全社に蔓延《まんえん》していて、経営陣も、社員も、労働組合も「何があっても会社は潰れない」とタカをくっていた。権威主義、セクショナリズム、形式主義、因習主義……「機能不全病」のほとんどの〝病原菌〟を擁し、社員は「意見はあっても意思はなし」の「評論家」集団になっていた。

破綻の原因は、責任を取る覚悟と胆力のある経営者が現れなかったことにあるとされた。しかし、経営者は外部から来た人ではなく、ＪＡＬ生え抜きの人たちばかりだ。ある管財人から指摘された。「経営者だけに責任を押し付けても、仕方がない。経営者と社員の、悪いＤＮＡが日本航空を潰した」と。

植木は、「ＪＡＬフィロソフィ」と「部門別採算制度」を深化すると同時に、対話を続ける。「心配なのは、中間層です。昔からのＤＮＡが染み込んでいるし、昔のやり方のほうが楽な部分もあるからです。この層が現場の若手に負けずに変わっていけば、会社はさらに良くなると思う」

破綻から再生へ

危機をチャンスに転化し得る優秀な経営者はいる。しかし、破綻会社を再生し、再上場を果たして持続的成長を遂げる会社へと変える経営者は少ない。破綻会社の多くは、会社更生法を適用された後、二次破綻に追い込まれ、消滅している。

日本航空は、負債総額二兆三二二一億円を抱え、倒産した。更生計画で五二一五億円の債務をカット、五万一〇〇〇人の社員を三万二〇〇〇人に削減、その上で政府系ファンドの企業再生支援機構から三五〇〇億円の出資を受けた。「国」主導の手厚い支援により再生した日本航空は、政策投資銀行からの融資三六〇〇億円を全額返済した。一方、機構は再上場により六六三三億円を得て全額回収した。日本航空は、一七九六億円の営業利益（二〇一五年三月期）を出す会社になっている。

植木は社長就任以来、ＪＡＬを〝新生会社〟として、二度と経営破綻に陥らない「筋肉質の会社」に変えると決意し、そのビジョンの実現に向けて経営の舵取りを行っている。

植木は、「言い訳」がきかないことを誰よりも自覚する。そもそも破綻の理由は、「親方日の丸」で、当事者意識がなく、誰も責任を取ろうとしない〝評論家集団〟と化した風土にある。ならば、社員の抜本的意識改革から始めなければ、二次破綻に陥る可能性は消えない。植木が構造改革、意識改革の推進力となる「ＪＡＬフィロソフィ」と「部門別採算制度」の両輪の深化、発展に力を入れるのはそのためだ。この二つは、破綻したＪＡＬの会長に就任した稲盛和夫が導入したものだ。

部門別採算制度の目的は、全員参加の経営である。組織を小集団に分け、独立採算制により運営し、全員経営を実現する手法だ。稲盛は部門を細分し、路線ごと、便ごとの収支がすぐわかる仕組みを構築した。現在、部門採算管理上の組織数は一〇〇〇ある。グループ各社にも導入しつつある。

一方、「ＪＡＬフィロソフィ」は意識改革を目的とする。植木はある管財人の言葉「新しい仕組みを作っても、人の魂が入らないと続かない」が脳裡《のうり》から離れない。ＪＡＬが生き残れるかどうかは社員の意識改革で決まる。ところが、一括型破綻処理により、運航を止めることのないまま、更生手続きに入ったため、社員の心の中に自分の会社が潰れたという意識が希薄だ。ならば、改革は自分たちが会社を潰したことを認識することから始めよう――。

植木は、「ＪＡＬフィロソフィ」を社員が持つべき「意識・価値観・考え方」として、職場での浸透に取り組んでいる。各職場で行う朝礼での音読、月一回の「リーダー勉強会」（役員・部長層対象）、年一、二回の「リーダー教育フォローアップ勉強会」（管理職対象）、年四回の「ＪＡＬフィロソフィ教育」（全社員対象）などを通じて、役員、社員たちは継続的に学んでいる。

成果は表れている。植木が語る。

「機長が混雑状況を客室乗務員に聞くと、満席だと、以前は眉間《みけん》にしわ寄せて答えていた乗務員が今では収支がわかるため、笑顔を返すようになった。また、機長も、飛行の遅れを取り戻すための加速で消費される燃料代をカバーするには、どれだけの売り上げが必要かを考える。そのまま飛ぶ場合は、お客様に遅れることを誠心誠意謝罪する」

横の連携も強まった。整備部門が機械の清掃用に使う古着を募集すれば、会社から膨大な量が集まる。客室本部には子供客用に社員の家で読まなくなった絵本が寄せられる。空港で飛行機にトラブルが生じれば、以前は地上スタッフが乗客に頭を下げたが、今は機長自ら説明に出るという。

植木は、「意識改革はまだ道半ば」と言う。「ＪＡＬフィロソフィ」が真に人の〝魂〟になるまで、植木改革は続く。

率直に愛情を込めて

企業は、社員のモチベーションを育まなければならない。社員のモチベーションが高まらなければ、利益は上がらないし、企業の変革などできない。モチベーションは、アイデンティティーとロイヤルティー（愛社精神）から生まれる。社員が自分の会社を大切に思い、会社で働くことに「幸福感」が得られるようにする。そのためには、社員一人ひとりが自分の頭で考え、自分の責任で仕事を回し、自発的に課題を発見して、解決しようとする企業風土を作る。さらに、仕事の成果を公平、公正に評価する風通しのよい企業、トップの意思が隅々にまで伝わる企業、業績や人事内容などがオープンになっている透明性の高い企業にする――。

植木も、社員のモチベーションを高めることに腐心する。その手法は、社員との徹底した顔と顔のコミュニケーションと、パイロット経験に基づく現場の把握および鼓舞である。年五〇回にも及ぶ社員との対話で、植木が心がけているのは、〝自分をさらけ出す〟ことと、〝仲間として愛している〟という気持ちを伝えることだ。ありのままの自分を率直に、かつ愛情を込めて語る。すると相手も裃《かみしも》を脱ぎ、胸襟《きょうきん》を開くようになる。

「JALの社内報でのインタビューでは、僕は自分の悪い所も包み隠さず話すし、経営会議でも、わからなければ、『もう一遍、僕にわかるように、シンプルに説明してくれないか』と率直に言います」

植木の話は深い感動を与える。例えば、新任管理職への講話などでは、パイロットを目指した経緯、経営陣に入ることの決意、稲盛和夫との出会い、JALの経営を引き受けた理由など、人生の転機で何を考え、どう決断を下したかを忌憚《きたん》なく、わかりやすく語る。そして最後はこう締めくくる。「僕が社長をやっていられるのは三五年の乗員経験があるからだ。稲盛さんに教えてもらったり、自分で学んだりして付加価値をつけてきたけれども、根本は変わっていない。乗員時代に培ってきた自分なりの考え方、規範、基軸というものを正直にぶつけるしかない。一緒にやろう」

すると、感極まって泣き出す者も現れる。

植木は、自分の机を離れて、進んで社員の懐に飛び込み、社員のことを心底気遣いつつ、一緒に山を乗り越えようとする。自らが胸襟を開いて、愛情を持って対話を重ねれば社員のモチベーションは必ず高まるという確信があるからだ。

その原体験は当時愛知県小牧《こまき》市にあったＪＡＬの子会社、ジェイエアの副社長兼機長を務めていた折にある。対話を重視していた植木はある日、七、八人のＣＡ（客室乗務員）たちと食事会を開いていると、一人のＣＡから「休日に制服を着てはいけないんですか」と訊《き》かれた。理由を尋ねると、「ジェイエアという会社は本拠地の名古屋でさえも知られていません。だから、休みの日に制服を着て駅前に立ってビラを配りたいんです。だって、私たち、ジェイエアが大好きなんです」。植木は驚いた。三十数年間ＪＡＬにいて、そんな提案をしてくるＣＡを見たことがなかった。そのときの彼女たちの言葉は今でも脳裡から離れないという。

「会社のために何かをしたいという社員がいることを初めて知りました。ＪＡＬにもきっといるはずだ。ただ、声に出すことをためらう風土になっている。ならば、風土を変えようと思いました」

社員からの信頼が厚いもう一つの理由は、植木が現場感覚を持っているからだ。トップが現場の実態を体感できていることは極めて重要だ。企業は数字の総計ではない。バランスシートを見ただけでは社員の思っていることはわからない。社員と直接対話をすることで、社員が自分たちの置かれた状況をどう捉えているかがわかり、それを通して課題も見えてくる。

植木は、〝愛する社員〟に幸せになって欲しいという一念で仕事に心血を注ぐ。そして目指すのは、〝幸福運命共同体〟的な意識を持った社員が集まる会社にすることだ。

映画スターの父から学んだこと

優秀な経営者の共通項に、業界の因習、環境の変化、景気変動に捉われない、一定の「自己規律」を持っていることがある。どんな困難にも立ち向かい、何が何でも大きな成果を生み出そうとする一貫した強い意志を持っていることだ。

植木は、社員が会社を愛し、職場で楽しく働けて幸せになるという企業風土を築けば、最高の顧客サービスを自然に提供できるようになるという信念を持つ。何と言っても企業文化の変革こそが植木の〝大義〟であり、自己規律なのである。

植木は、事実から出発し、理論へと考え方を進める。事実関係を調べ、現状を把握したうえで、方策を考え、それが正しいかどうか事実を確認するというやり方を取る。いわば、〝実証主義〟である。

「役員合宿」の実施、「ＪＡＬフィロソフィ」と「部門別採算制度」の深化、社員との継続的対話の実践、「事業創造戦略部」「コーポレートブランド推進部」の設置など、植木が推進する改革はすべて、効果的な活動であることがすでに実証されたものか、自分で経験し学んだものばかりだ。

植木は、企業文化をはじめ、運航、サービス、テロや疫病などのイベントリスクと常に危機感を持つ。そこから行動を生み出している。周到に準備し、落ち着いて状況を判断し、的を射た対策を打ち出す。原体験はパイロット時代に叩《たた》き込まれた「事前準備」にある。

パイロットは限られた時間の中で、冷静に判断し、正しい行動を選択することが求められる。平常心を保つには、事前の準備しかない。例えば、フライト中に、副操縦士がちょっとしたミスを犯したとする。植木は、乗務終了後のブリーフィングで、「事前の準備が足りなかったのではないか。大事なのは準備にかけた時間ではない。十分な準備ができたかどうかだ」と諭《さと》す。

また、植木が長期的視野を持つことにこだわるのも、パイロット時代に経験し、実証したことである。植木が言う。

「例えば、ニューヨーク便であれば、出発前の打ち合わせで、現在の情報を基に一七～一八時間後の到着空港の気象をイメージすることになる。機長は着陸の際、ある高度で滑走路が目視確認できて初めて着陸の判断を下す。もしもこのとき、小さな雲でもかかっていて目視できなければ着陸を諦め、再び上昇することにもなる。『一七時間前に、小さな雲の情報までわかるわけがない』と放棄する人には何も生まれないが、わかろうと考え抜く人には必ず、何が起こり得るかがイメージできるようになる。それは経験値に基づいて頭の中で複雑な計算や分析を日々やり続けている者だけが、瞬時に判断できるようになるものだ」

植木が設置した「事業創造戦略部」の目的も、一〇～二〇年先を見据えた長期成長戦略の策定にある。常に先を考えていけば予測の精度は徐々に高まると考えるゆえだ。

植木が「社員を愛する」のは、映画スターの父、片岡千恵蔵《かたおかちえぞう》から学んだことだ（植木は、五人きょうだいの三男）。父は、家では読書や一人で碁を打つのが好きな寡黙な人であり、スターのイメージとはかけ離れていた。小学生のある正月のことだった。三が日はいろいろな客が訪れる。父はどんな偉い人が来ても、ソファに座ったまま、「おっ」と声を上げるだけだ。ところが、弟子たちが妻子を連れて来ると、動かない父が立ち上がって、玄関に出向き、子供にお年玉を渡して、頭を撫でて「よく来てくれたな」と言っていた。後で父に、「お弟子さんなのに、なんで行ったの？」と聞いた。すると、片岡は言った。「弟子は煮て食おうと焼いて食おうとオレの勝手だ。だけど、奥さんと子供は違う。あの人たちには弟子が世話になっているんだ。だから大切にしなきゃいけないんだ」

そのとき、植木は、なぜ、父が映画スターとして愛されているかがわかった。そのとき、父から「人を大切にすること」を学んだ。植木の「社員の幸福追求」の原体験がそこにあった。

宮島和美《みやじまかずよし》　ファンケル社長

ダイエー秘書室長から部下とともに転職

リーダーに求められる高潔性

リーダーは、部下から尊敬される存在でなければならない。部下はリーダーの背中を見ている。それだけにリーダーには「清廉」であることはもちろん、人間としての「徳」や「高潔性」が求められる。

リーダーの重要な役割は、社員のモチベーションを高めることだ。社員のモチベーションが高まらなければ、利益は上がらないし、企業の変革はできない。モチベーションは自発的なものだ。リーダーの命令や指示で上がるものではない。上がるのは社員が納得したときだけだ。つまり、リーダーが、敬意を払える高潔な人格者でなければ、社員のモチベーションは上がらないのである。

その点、宮島和美（六六歳）ほど、高潔な人物は、私は知らない。

ファンケルは、会長の池《いけ》森《もり》賢《けん》二《じ》が裸一貫で創業した世界初の防腐剤を含まない「無添加化粧品」メーカー。現在はサプリメント、青汁、発芽米などにも事業を拡大し、売上高は七七六億円、経常利益は四二億円（二〇一五年三月決算）。

宮島は、二〇〇七年にファンケル社長、翌二〇〇八年に同社会長に就任。二〇一〇年から二〇一二年までの二年間、日本通信販売協会の会長として健康食品の機能性表示の解禁など健康食品事業の規制改革に奔走した。二〇一三年四月、社長に復帰し、持株会社への移行、セブン&アイホールディングスとのPB化粧品共同開発など事業改革を行う。

現在、宮島が最も心を砕いているのは、〝原点回帰〟だ。

宮島和美

「ファンケルの〝夢〟を取り戻すことです。創業の理念はお客様の『不』を解消することでした。不満を満足、不安を安心、不快を快適に。最大のポリシーは安全性。そのため防腐剤など肌に良くないものを外した無添加化粧品を開発したのです。われわれの強みは安全性を追求する研究所を持っていることです。その強みを発揮していきます」

宮島の持論は、「役割分担」。会長時代には、会社の中の仕事は社長に任せ、外の仕事は自らが担当した。現在はCOO（最高執行責任者）として、CEOの池森が描くビジョンの実現に向けて手腕を発揮している。

そんな宮島の高潔性が最も端的に表れたのは、ダイエーを去るときの行動だった。

宮島は一九七三年にダイエーに入社して以来、主に秘書畑を歩み、二〇年間、創業者中内《なかうち》㓛《いさお》の側近として秘書室長を務めた。

一九九九年、経営不振により中内が引責辞任すると、宮島は義兄の池森から声をかけられたが、ダイエー再生プランの作成中でもあり、留保した。宮島は常々、「ボスが辞めるときは自分も辞めるとき」と腹をくくっていた。ダイエーに残れば中内を否定し、経営責任を追及せざるを得ない立場に置かれる。それは中内への裏切り行為となる。さらに、「中内を守れなかった責任は自分にもある」と自責の念に駆られてもいた。宮島は二〇〇一年、ダイエーを去り、ファンケルに転職した。こうして、宮島は中内に筋を通す生き方を示したのである。普通のサラリーマンにはなかなかマネできない。

特筆すべきは、中内のいないダイエーで働く意欲をなくしていた部下たちをファンケルに引き取ったことだ。二〇〇一～二〇〇五年に同社に転職した二十数名のうち、島田和幸（専務執行役員）と山口友近（常務執行役員）は現在、経営陣の一角として活躍、他の元ダイエーマンも、総務人事、店舗など各部署で貢献している。

宮島にとってうれしかったのは中内の一言だった。二〇〇三年のある日、横浜で池森、藤原謙次（当時社長、元ダイエー取締役）と一緒にランチを食べ、その帰り際、中内がボソッと宮島に言った。「たくさん採ってくれてありがとう。それだけが心配だったんや」。宮島は「それは藤原さんがおやりになったことです」と謙遜した。そんな宮島の高潔な人柄を部下は見ている。

自己規律を持って職務を全う

いくら経営トップが「こういう商品、サービスを開発すれば必ずヒットする」と考えても、社員の賛同を得られるとは限らない。それが正しいかどうかは、商品やサービスがヒットし、利益を出して初めて「正解」を得ることができる。「解」は常に、消費者、顧客、マーケットに握られているからだ。

しかし、「うちの会社は、顧客のため、世のため人のためにこういうことをしたい。社員が行っている仕事が光り輝いて見え、世間から高い評価と信頼を得られるようになりたい」というトップの熱意は、社員みんなに伝わり、賛同を得ることができる。経営の根底にあるのは、「これがやりたい」というトップの情熱だ。

宮島は、「安全・安心」を追求する同社の創業理念を全社員に再認識させ、〝原点回帰〟で、

〝ファンケルらしさ〟を取り戻そうと強く訴えている。化粧品で肌が荒れていくことが大きく社会問題になった一九七〇年代、安心・安全な「無添加化粧品」を誕生させたのがファンケルの原点だ。以来、創業者の池森賢二は、「不安」「不満」「不快」などの「不」のつく事柄をなくすため、サプリメント、青汁、発芽米などの事業を拡大してきた。池森が唱えるファンケルらしさとは、「お客様視点の徹底」であり、「社会への貢献」、「チャレンジ精神」である。それを追求していきたいと宮島は訴える。

これまで宮島は、常に自己規律を持って職務を全《まっと》うしてきた。それはダイエー創業者中内㓛の秘書時代から一貫している。今も、自分の役割は創業者池森の示した方針をしっかり受け止め、実行することだと考えている。

原体験はダイエー時代にある。中内は、消費者主権の「流通革命」を訴え、価格決定権をメーカーから消費者に取り戻した。現在、日本各地にある複合ショッピングセンター、量販家電店、ドラッグストア、ホームセンターなどのチェーン店は、すべて中内が実現した流通革命の恩恵を受けている（中内については拙著『流通王』〈講談社〉を参照していただきたい）。その中内の秘書室長を、宮島は二〇年間務め上げた。側近が次々と変わる中、宮島だけは最後まで側近であり続けることができた。それはなぜか。

「オーナーと使用人の関係を崩さないことです。会話が成立する関係はダメだと思いました。

イエスマンではないけれども、受ける一辺倒でいいと思っていました。『イエス・バット』の世界です。まず、『わかりました』と受けるのです。間を置いて、『しかし』というのも必要だと思います。小さな例ですが、中内さんは月曜日の八時四五分に各部署で朝礼を始める。早く出てきて、『行こうか』と。そこで、『まだ八時三五分です。早いですよ』じゃダメです。『わかりました』と。そこで、時計を見て、『でも、まだ何分ですよ』と情報を伝える。意見を言うのではなく、情報を伝えるのです」

そういう宮島の、中内に対する「距離感」が中内の信頼を得ていったのだ。

一方、宮島が池森を尊敬するのは、池森が「世のため、人のため」という「志」を立てて事業を始めたことにある。

「私が何よりすごいと思ったのは、まったく新しい価格帯を作り出したことです。それまで化粧品は、夢を与える商品という理由で高価格のものがほとんどでした。そこに肌トラブル救済のためとして無添加という独自の付加価値を持った商品を誰もが納得いく価格帯で出したのです」

池森は、世の中に今までなかった新しい価値を創造したのである。宮島が、中内、池森二人の創業者から学んだのは、「顧客視点」を徹底させている点だ。顧客視点は、「世のため、人のため」という使命感の表れでもある。さらに、企業の目的である継続的社会貢献を行うためには手段として利益が必要。利益が上がらなければ、従業員の生活を守ることも、先行投資も、株主への還元も、社会貢献もできないからだ。宮島が池森ビジョンの実現に向けて全精力を傾ける理由である。

「経営立て直し三年計画」を達成

持続的成長を遂げる企業の経営者に共通するのは、自社が取り組むべき事業領域を明確に認識し、わからない事業は手掛けないことだ。つまり、経営者が現場の実態を体感できている事業しか手掛けない。なぜか。経営は、間接情報の管理数値のみでは判断できない。トップは現場に頻繁に出掛け、現場情報を肌で感じ取り、意思決定を行うことが不可欠である。成長する企業の社長が現場、現物、現実の三つの「現」を重視し、体感しているゆえんである。

宮島も、時間を見つけては研究所、工場、直営店舗と現場を回る努力をしている。ちなみに二〇一四年は三十数回現場に足を運んでいる。現場を頻繁に回ることで三現主義を実践し、現場感覚を養おうとしているのだ。

宮島は、現場の社員たちにファンケルの創業理念「正義感を持って世の中の『不』を解消しよう」や、経営についての考えを自らの言葉で伝える。同時に、「ファンケルらしさ」の追求、つまり「お客様視点の徹底」、「チャレンジ精神」「社会への貢献」の実行の必要性を唱える。

創業者池森賢二の作った同社の企業コンセプトは、前述したように「不満」「不安」「不快」の「不」の解消である。自社の商品を通して「不満」を「満足」、「不安」を「安心」、「不快」を「快適」に変えていく。その追求こそが、宮島の最大のミッションと言っても過言ではない。

そもそも二〇一三年四月、会長の宮島が社長に、名誉会長の池森が会長に復帰した最大の目的は、同社の「原点回帰」にある。

「二〇一二年に踏み切った化粧品のリニューアルは評判がよくなく、池森に言わせれば〝自己満足の芸術品〟。グローバルプレミアムブランドとして容器を白色で統一して高級感を出したのですが、お客様にはどのジャンルの商品なのか、わかりにくくなった。また、『無添加』という言葉を『純化』に換えるなど、お客様から目を離してしまった。そこで、池森は企業コンセプトを原点に戻し、経営基盤の再強化に乗り出したのです」

興味深いのは、池森・宮島体制が「経営立て直し三年計画」を達成したことだ。一年目は、〝整理の年〟と位置付け、不採算部門はすべて撤退した。二年目は、〝飛躍への準備の年〟として持株会社体制に移行し、スピード感ある経営を推進、三年目の二〇一五年は、〝チャレンジの年〟として全国のドラッグストアへの卸開始、セブン&アイホールディングスのPB卸開始など積極的に展開した。その結果、二〇一五年上半期（四～九月）の売上高は前年同期比一五パーセント増となる。

宮島は、「原点回帰はまだ道半ば」と言う。「池森が言うように、うちの化粧品の強みは無添加だけではありません。①無菌工場で作り、②製造月日を記し、③作り立てのフレッシュな商品であることです。さらに、健康食品も、研究開発力によってお客様が安心して摂れるようなエビデンス（根拠）を用意し、臨床試験もしっかりやっている。究極的な目的は『オンリーユーコスメ、オンリーユーサプリメント』、お客様一人ひとりに合った商品を提供することです」

同社が事業領域を「素肌美」と「健康」に絞り込んでいる証左は、商品開発への注力からもうなずける。例えば、肌の特徴を解析する「角層バイオマーカー技術」は、世界に先駆け、独自に開発したもの。また、「ウコン革命」なども、液体ウコンカプセル製法により一粒にウコン成分を三〇〇倍に濃縮した画期的商品だ。こうした革新商品の開発が可能な理由の一つは、商品開発するときに、社外から基材を購入して単に加工して製品化するのではなく、基材自体についての研究開発から始めることにある。

同社は、研究開発に毎年約三〇億円使っており、約一一〇〇人のグループ従業員のうち、約一五パーセントの一六〇人が研究員だ。研究開発志向の強い会社へと成長している。

倒産経験から身の丈経営へ

成長を遂げる企業の経営者にみられる特徴の一つは、身の丈に合った成長を図っていることだ。事業リスクを直視し、キャッシュフロー（現金収支）の範囲の中で、研究開発、事業投資を行っている。そのため、資本市場に邪魔されず、思い切った投資が行え、それが成功へ結びつき、持続的成長を取ることができる。メーカーの場合、製品開発が成功する期間は、革新的な製品になると一〇年以上かかる。その間、開発の継続について、さまざまな議論が起こる。問題は有利子負債や外部資金に頼った場合、外部からの過剰な介入が働き、思い切った投資が継続できなくなることだ。

ファンケルの場合はどうか。宮島は、「当社は〝無借金経営〟を続けています。これからも変わりません。無借金経営は創業者池森賢二の経営哲学です」と明快に答える。

無借金経営は、〝ファンケル憲法〟となっている。それはかつて起業したコンビニエンスストアが倒産の憂《う》き目に遭《あ》うという、池森の苦い体験から生まれた信念だ。ガス会社を辞めた池森は、一九七四年、一七人の仲間と資金を出し合ってボランタリーチェーンを設立、生活雑貨を扱うコンビニを始めた。ところが、出資者全員が役員で立場が同格のため、ものごとがまとまらない。やがて会社は資金不足で倒産する。池森は著書で、「……多額の借金を返済するために、兄のクリーニング店を手伝い、二年半で借金を全額返済しました。会社を興し、借金の苦しみを味わっているので、キャッシュフローの大切さを身にしみて実感しています」と語っている。

倒産は関係者に多大な負担と犠牲を強いることを池森は身をもって体験したのである。

〝身の丈経営〟の重要性を痛感しているのは宮島も同様だ。一九九九年、巨額の有利子負債を抱え、業績不振に陥ったダイエーが従業員一〇〇〇人の希望退職者を募り、関連会社をどんどん潰《つぶ》す悲惨な事態を目の当たりにしてきた。そのときから宮島は経営で一番大事なのは「社員を不幸にしないことだ」と心底思っている。

同社は、研究開発などの長期投資をキャッシュフロー三〇六億円（二〇一五年三月期）の範囲の中で行っている。かといって投資が決して消極的ではないのは現在推進している三ヵ年経営計画をみればうなずける。計画では二〇一八年三月期には、売上高七七六億円を一二五〇億円に、営業利益四〇億円を一〇〇億円に拡大する。さらに五年間で売り上げを倍増させるため、三年間で新たに二〇〇億円の追加投資を行うという戦略的な広告投資に踏み切る。またドラッグストア、コンビニなど売り場の拡大を図る。そして、直営店舗も五年で現在の一六四から三五〇店に拡大する計画だ。

〝身の丈経営〟で何より重要なのは社員のモチベーションを上げ、士気を高めることだ。そこで宮島が腐心しているのは、全社活動の創出だ。社員に新たな価値を追求すべく挑戦を訴えている。その一つが、事業、商品、サービスで、新たなアイデアを提案する制度「こんなものあったらいいな投書」だ。二〇一四年には、新商品で一〇一二件、新サービスで五一八件、二〇一五年もすでに一二一件の新事業の提案が寄せられている。

社長として陣頭指揮を執った二〇〇七年の「起業チャレンジ制度」では、四件の提案を採用、その一つが肌状態を簡単に検査できる「美肌鑑定」だった。また、二〇一〇年の「ビジネスの芽を見つけようプログラム」でも、ゴルフ用サプリメントや妊娠中や子育て中の女性のコミュニティサイト「ママラボ」などが誕生している。

「昨年はすべての従業員が必ず一つ、何かを提案するように求めました。そうしないと、新しいものを考えて生み出すという意識が根付きません」

宮島がチャレンジ精神を鼓舞するのは身の丈経営を守りつつ、将来への成長を取るためなのだ。

震災で改めて意識した「本業とは何か」

持続的成長を遂げる企業には、「世の中、社会のために仕事をする」という企業文化が埋め込まれている場合が多い。もちろん利益は重要。経営者にとって利益を取ることは企業活動を行う上では絶対条件であり、義務である。利益がなければ、従業員の生活を守ることも、先行投資することも、株主に還元することも、社会貢献することもできないからだ。

成長する企業の経営者の多くは、利益を上げることは前提であるが、利益が上がりさえすれば何でもよいとは考えない。利益は顧客への貢献に見合う利益でなければならない。企業の目的は恒常的社会貢献であり、利益はその手段として必要と考える。昨今の企業不祥事は、利益追求を目的にし、貢献に見合わない利益を得ようとした結果生じたケースがほとんどだ。

宮島も、創業以来育んできた「世のため、人のため」という企業文化の深化に力を入れている。それはすなわち、経営理念「世の中の『不』を解消しよう」の実現に他ならない。顧客の求める安心・安全な商品とサービスを低価格で、かつ便利な方法で届け、顧客に喜びを与える。例えば、創業当時、防腐剤の入らない無添加の化粧水五ミリリットルの販売を通信販売で開始したことや健康食品の価格破壊を行ったこと、さらに、無期限返品保証や配達場所指定など顧客視点のサービスの実施、また軽度知的障害者が働く特例子会社の設立なども、すべて理念実現を追求した結果だ。

とりわけ宮島が腐心したのは、二〇一五年四月の「機能性表示食品制度」の制定だ。日本通信販売協会会長を務めていた宮島は、政府の検討委員会の委員となり、制度導入の立役者となった。従来、健康食品には機能性表示が認められていなかったため、消費者は健康食品の効果がよくわからなかった。この制度により「どのような働きがあるか」が明確となる一方で、有効性や安全性のデータが公開され、サプリメントの透明性が格段に進化した。宮島が主張したのは、消費者の「知る権利」を担保することだった。この制度は、同社が世のため、人のために、世論や政府に訴え、実現させた典型例である。

そんな企業理念を宮島が強く意識したのは、東日本大震災のときだった。宮島は語る。

「……そんなときだけに、今一度、『本業は何か』『使命は何か』『理念は何か』と自問自答し、原点に戻る必要がある。大災害が発生したとき、企業にとって最も大切なことは、一刻も早く本業を正常に戻すことです。それはとりもなおさず、『本業とは何か』を問い直すことでもあるのです」（拙著『ミッション』講談社）

東北地方の被災地を回った宮島は、さまざまな体験をする。高価な美容機器が床に落ちないよう両手で必死に押さえたという女性社員の責任感の強さに感動した。また、ガソリンスタンドに五時間も並んで給油してから車で来る人など、被災地の従業員の懸命の対応に胸を打たれた。さらに、ファンケルの店が入っている盛岡市のある百貨店からは「お店を早くオープンしていただいてありがとうございます」と感謝された。従業員たちがまだ開店できない他のファンケル店から商品を百貨店に運び、売り場をオープンさせたのだ。現場のスタッフがお客様目線で自主的に考え出したことだという。顧客の立場で考えて顧客に感謝されるようにするという企業文化が、従業員の間に醸成されていることを宮島は体感した。良いサービスを考える際には、あくまで顧客の立場を原点にしてものを考えるのだ――。池森の考えを宮島は継承する。

宮島は語る。

「われわれはスタートしたときから、単なる通販ではなかった。お客様と心の通う〝通心販売〟として成り立っていった。これからもお客様目線で商品、サービスの革新に取り組んでいきます」

宮島和美　ファンケル社長

第四章　開発現場や傍流で培われた「率先垂範」

篠辺《しのべ》修《おさむ》 全日本空輸社長
整備部門出身、希代の仕事師

悲願を達成するも気を引き締める

私は長年、ＡＮＡ（全日本空輸）が国際線を独占していたＪＡＬ（日本航空）に挑み、対抗し、そして互角に戦える企業に成長するまでの過程をつぶさにウォッチしてきた。印象的なのは、ロッキード事件など困難に直面する都度、全社一丸となって乗り越え、成長へ向けて再び突き進むというＡＮＡの「まとまるパワー」だ。その源泉は、「ＪＡＬに追いつけ、追い越せ」という目標を全社員が共有し、一丸となって実現させようとする〝企業風土〟にある。

重要なのは、ＡＮＡが末端の社員まで「目標」を共有させる組織を作ってきたことであり、その点にこそ、飛躍の秘訣《ひけつ》があったと私は考える。目標達成のために社員が自分で考え、問題を見つけ、解決していくことが当然の価値観として共有されている組織は、環境の変化に対応して変革を遂げ、成長していくことができるからだ。

ANA社長の篠辺修（六四歳）は、そんな企業風土の体現者の一人である。

篠辺は、ANAが二〇一五年度の国際線旅客数でJALを抜き、長年の〝悲願〟を達成しても、浮かれてはいない。「緊張感を維持することが大事。お客様が笑顔で乗って、笑顔で降りていただく。そのためには現場が一便一便を安全に、定時に、快適に、という基本をしっかりやり続ける」と気を引き締める。

篠辺 修

「基本に立ち戻る」。ANA初の整備部門出身の社長ならではの発想だ。一九七六年、早稲田大学理工学部を卒業し、技術職として入社した篠辺は、整備工場の油圧課に配属されて以来、整備本部の管理室企画課、本社の企画室、執行役員営業推進本部副本部長、上席執行役員B787導入プロジェクト長、取締役執行役員整備本部長などを歴任する。

篠辺の特徴は、随所で、前例や慣例にとらわれない画期的なことを成し遂げていることだ。問題を発見し、解決策を考え抜き、どの部署とも摩擦を起こさずに説得し、施策を成就させている。〝希代の仕事師〟といわれるゆえんだ。

その代表例を見てみる。一九八八年の整備本部の管理室企画課のときには、油圧系配管の「早期全面交換」プログラムを提案し、実施している。

篠辺は入社以来、整備部門の油圧系統を担当。ミッションは「油漏れを減らせ」だった。ランディングギアや水平尾翼、垂直尾翼のコントロールなどに使う油圧の配管は一機当たり数百本、数千本と数が多く、使用している間にどこかが疲弊し、ひびが生じて油漏れは起きる。その結果、出発の遅れ、欠航、引き返しなど運航に影響を与える。

「油漏れはどこで起きるかわからない。私は、二〇年使う飛行機なら一〇年で配管を全面交換すればかなりの確率で油漏れを減らせるというプログラムを起案したのです」

当然、社内から「出費が大きい」と反対の声が上がる。篠辺は年間の故障件数、運航への影響、換算コストを調べ、それを根拠に社内を説得し、その熱意が上司や同僚を動かす。全面交換はボーイングから二機分の配管を買うことから始まる。あとは配管を作るための機械を購入し、自分たちで配管を曲げたりして作っていく。そうした交換プログラムは現在も引き継がれている。まさに篠辺が自分の頭で考え、自分の責任で実行したＰＤＣＡ（プラン、ドゥ、チェック、アクション）の好例と言える。

もう一つは、同じく整備本部の企画課のときに起案した最優秀整備士を認定する「マイスター制度」だ。四〇歳の頃、整備士のモチベーションの向上を考える。いかに卓越した技術スキルで会社に貢献していても、会社に処遇されることはない。実力の評価も曖昧《あいまい》だ。篠辺は技術系の人を処遇している会社を訪問し、処遇方法を聞き、調査して新制度を提案する。篠辺が振り返る。

「本部長として整備本部に戻った折、マイスター（最優秀整備士）になった整備士を表彰し、食事をしました。そのとき、ある人が泣いていました。『自分のこのスキルを会社が認めてくれたというのはものすごくうれしい』と言って」

その後、篠辺は、営業担当役員、企画担当役員などを務め、仕事師の本領を発揮していく。

傍流の強み

近年、優秀な経営者の中に、「傍流組」の出身者が増えている。会社の主流を歩み、出世をしてきた人より、周辺部署や子会社で苦労してきた人の方が改革を成功させているケースが多い。しがらみがないため、思い切った決断ができるという面があることに加え、中心の外から客観的に会社を眺めることができ、改革しなければならない不合理な点をよく見出せるからである。

篠辺は一九七六年に技術職として入社以来、長年、整備部門に携わってきた〝傍流組〟だ。人事、法務、営業畑出身の歴代経営者とは異なる。また、個性も違う。例えば、事業再構築に心血を注いだ普勝清治《ふかつせいじ》は、論客として知られ、「普勝イズム」という言葉が残ったほどだ。また、スターアライアンスへの加盟を決断した野村吉三郎《のむらきちさぶろう》は、「トップセールス」の達人として名を馳《は》せた。さらに、「アジア№1」への布石作りを行った大橋洋治《おおはしようじ》なども、華やかな社長だった。

　これら前任者と比較すると、篠辺から受ける印象は地味だ。控えめで、社外で講演することはもちろん、自身に光が当たること自体も好まない。「自分は平凡な人間」というのが口癖だ。堅実・実務タイプの社長である。

　その反面、内なる意志の強さは、社長就任直後からの有言実行を見れば、明らかだ。

　篠辺は二〇一三年四月、持株会社ＡＮＡホールディングスの発足に伴い、事業会社ＡＮＡの初代社長に就任する。

　折しも、自らが「７８７導入プロジェクト長」として導入担当した「Ｂ７８７」がバッテリートラブルで運航停止を余儀なくされていた。篠辺は安全を最優先させ、ボーイング社に「安全を担保できる再発防止策を作ってもらいたい」と強く要求する一方、世間にはマスコミを通して情報開示を行い、説明責任を果たすことに精力を注いだ。

　運航は同年七月に再開されたが、その背景には、篠辺が整備士時代から培ってきたボーイング人脈との連携と彼らの懸命な努力があった。まさに整備士出身ならではの強みが発揮されたと言えよう。

篠辺には、「安全は経営の基盤であり、社会への責務である」と宣言する「ANAグループ安全理念」への強いこだわりがある。社長になる以前から「安全理念」を実践するための「安全行動指針」の徹底を全社に呼びかけている。

さらに、篠辺が社長就任以来心を砕いているのは、「国際線事業の拡大」に向けての国際線ネットワークの拡充と、サービス品質の向上だ。国際線拡充としては、二〇一三年の成田―サンノゼ線を皮切りに、二〇一四年には羽田―ロンドン、パリ、ミュンヘン、ハノイなど八都市、二〇一五年には成田―ヒューストン、クアラルンプール、ブリュッセル線の三都市、二〇一六年には成田―武漢、プノンペン線の二都市を結ぶ路線を開設する。

もう一つは、サービス品質の向上だ。二〇一三年、ANAが英スカイトラックスのサービス品質ランキングで最高評価の「5スター」を獲得すると、篠辺は、ランキングを国際競争力を測る一つの指標と捉え、「まだ一〇〇点ではない。まだまだやれることはたくさんある」と運航現場を鼓舞し続けた。

お客様一人ひとりが求める距離感を瞬時に見抜ける達人のスタッフを育てたい。料理提供のタイミングのみならず、フライト中のあらゆる場面で、お客様のご要望をうかがう機会やお客様から声のかけやすい環境を増やしていかなければならない――。篠辺は自分の思いを現場に伝え続けた。その結果、二〇一六年まで四年連続で「5スター」を獲得する。

「私どもが『定時、安全、快適に』といったときにお客様がどう感じるかです。判断基準はお客様がどう感じるかです。ANAがお客様にとって価値あるエアラインになるかどうかは、私どもの努力がお客様の満足につながるかどうかで決まるのです」

現場を体感している篠辺ならではの社員のモチベーションアップ政策が奏功しつつある。

「安全運航」という絶対条件

篠辺は、経営ビジョン「ANAグループはお客様満足と価値創造で世界のリーディングエアライングループを目指す」を繰り返し語る。特に「安全は経営の基盤であり社会への責務である」から始まる「ANAグループ安全理念」は、社内に徹底させている。

篠辺は、二〇一三年社長就任以来、精力的に国内外の空港や事業所、営業所を回っている。また、自分の思いを伝える機会としては社員との対話会「ダイレクトトーク」も設けている。参加者は大規模事業所では管理職中心に十数名、地方事業所では管理職、一般職を交え数名から二〇名程度。頻度は年三〇回だ。

篠辺が力を込めて語るのは、①安全最優先の企業文化づくり、②サービスを効率的に実現するための仕組みづくり、③顧客視点での品質向上に向けた改善点やそれを阻害している要因についてである。自分の言葉で、自分の思いを社員に伝え続ける篠辺はまさに「伝道者」と言える。

篠辺が「安全」と「サービス」に重点を置くのは経営ビジョンを実現するためだ。とりわけ「安全運航」は絶対条件とする。安全運航に近道はない。基本作業や基本マナーの徹底と安全運航を最優先する企業文化の醸成に努めるしかないのだと話す。

二つ目は、快適な空の旅を提供するためのサービスだ。ＣＡ（客室乗務員）による機内サービスはもちろん、営業活動、予約案内、空港での手続きやサービスなど人的な対応が顧客満足度を高めるキーポイントとなる。良いサービスを自分で考える際には、あくまで顧客の立場を原点にしてものを考える。自分が顧客だったらこうして欲しいと思うことを考えてやるのが良いサービスなんだと語り続ける。

篠辺が腐心しているのは、「安全」が根付く企業文化の構築だ。整備出身の篠辺は、過去、ＡＮＡが遭遇した羽田沖・松山沖事故（一九六六年）、雫石《しずくいし》事故（一九七一年）、61便ハイジャック事件（一九九九年）を風化させてはいけないと考える。ＡＮＡが「安全理念」を実践するため「規定・ルールを遵守し、基本に忠実に業務を行います」など六項目からなる「安全行動指針」を策定しているゆえんである。篠辺が語る。

「何のために規定やルールがあるのか。どうすれば、安全性を向上できるのか。一人ひとりが考え、努力し続けるという企業文化を根付かせていかなければなりません。それを実現するのが安全を支える〝人づくり〟と〝仕組みづくり〟です」

その一つが、ある女性社員の提案により作られた「ＡＮＡグループ安全教育センター」（二〇〇七年設立）だ。彼女は慰霊に訪れた雫石事故の現場で、まだ残る機体の破片に衝撃を受けた。そこで社内提案制度で、「安全が根付いた企業風土を築いていくための教育が必要だ」と訴えた。提案は採用され、一年後にセンターが設立された。受講者はグループ全従業員三万人を含むのべ約八万六〇〇〇人に達する。

ＡＮＡは社員全員の緊急脱出研修を行っており、すでに約一万七〇〇〇人が参加している。機内で必要な保安知識、緊急事態発生時の援助などの理解を深めている。篠辺が語っている。

「訓練は本来、ＣＡやパイロットに義務付けられています。それを、全社員を対象に研修することで、万が一のときの安全性を高めることができると同時に、航空会社で働くということの意義をより深く理解できるようになります」（「月刊エアライン」）

篠辺は、安全最優先の企業文化を社員に共有させ、企業に定着させることに挑戦し続けている。

「サービスが先、利益は後」

近年、持株会社をつくり、各事業部をその一〇〇パーセントの子会社にして、事業会社として独立させる持株会社制が流行《はや》っている。目的はグループ経営のスピード化にある。事業会社への権限移譲により、持株会社はグループ全体に関する意思決定に特化し、一方、事業会社は自立化し、効率的な経営を行うことに専念することができる。

ただし、持株会社制は、二つの帰着点のいずれかに陥りやすい。一つは、形式上独立した会社になっているが、実際には持株会社の社長が事業をコントロールすることになってしまうケース。もう一つは、各社が理念を共有せず、ばらばらになってしまって、グループ全体としての強みが発揮できなくなってしまうケースだ。

ＡＮＡも、二〇一三年、ＡＮＡホールディングスを設立し、持株会社制に移行した。傘下にはＡＮＡなど普通航空会社、ＬＣＣ（格安航空）のバニラ・エア、空港地上支援事業会社、航空機整備事業会社、ケータリング事業会社などがある。

ＡＮＡは、中核事業会社としてグループ全体の売り上げのほとんどを稼ぐだけでなく、ＬＣＣを除くグループ会社を客室、空港、運航、整備など各チームから成る「チームＡＮＡ」と同じベクトルで束ねている。

その舵取りを行っているのが篠辺である。篠辺は、ビジョン「世界のリーディングエアラインググループを目指す」を実現するためには、まず安全性、定時性、サービスの品質が世界トップクラスの評価を受けること。次に、ＲＯＡ（総資産利益率）、営業利益率など経営効率で世界トップクラスにすること。そして、さまざまなイノベーションで航空業界をリードすることが必要だという。

そして、今後のＡＮＡの戦略は、国際線事業を成長させ、国内線事業の収益を高める。顧客視点に基づいたサービスの〝ダントツ品質〟を実現する。コストの適正化により、強靭な企業体質を獲得することだ。

重要なのは、篠辺はサービス品質を落としてまで経営効率を高めようと考えていないということだ。篠辺が語る。

「現場は、安全に、定時に、快適にという基本的なサービスをしっかりやる。お客様満足のためです。あとは経営として無駄を省く、適正な機材を当て込むなど諸施策を講じる。そうすれば必ず業績につながると信じてやっています。お客様へのサービスレベルを下げてまで生産性を上げるのは求める姿ではありません」

篠辺は、「サービスが先、利益は後」という考え方を貫く。かつて会社は「お客様のサービス優先だ」と言いながら、その一方で「生産性の向上だ」「コスト削減だ」と言った。現場はどちらが正しいのか、わからなくなり、その時々で右に振れたり左に振れたりした。そこで篠辺は現場が首尾一貫して「顧客の満足」を最優先にすることを徹底させた。現場に明確な指針を与え、現場が一丸となって顧客満足を追求できる環境を作っていくことが自らの使命だと考える。

グループ会社の社員は、そうした篠辺の真摯《しんし》な後ろ姿を見て、後に続いている。各事業会社は、時代を経るにつれてＡＮＡの企業文化を体験しない社員が多くなる。また、自立化が深化すればするほど、ＡＮＡとの関係が弱くなるという状況が生じる。それだけに、社員はどうすればグループ会社の社員であることに誇りを持ち続けることができるかが課題となる。

「顧客＝社会のために仕事をしている」という意識を持つことができて初めて社員は寝食を忘れて働く。それなくして社員のモチベーションは上がらない。篠辺がＡＮＡの企業文化「あんしん・あったか・明るく元気」をグループ全体に浸透させることに精力を傾けるのはそのためだ。

グループをリードし、牽引《けんいん》するのは、持株会社ではなく、事業会社であることを示す希有《けう》なケースと言えるが、篠辺の真面目、誠実、情の深い人柄と人間力により、求心力が高まっているのも、事実である。

「能力」より「精一杯発揮」を評価

私は拙著『続く会社、続かない会社は№２で決まる』でこう書いた。企業は「人」である。

「人」こそが、巨大な山をも動かす「マグマ」となって企業を動かし、企業を変えるのである。逆に言えば、そんな巨大なエネルギーの塊の「マグマ」が出現しない限り、企業は変わらない。成長しない企業は「人」が眠ってしまっている。やりがいを感じる仕事、時間を忘れるくらい集中できる感動的な仕事に従事できていない。それゆえに能力が発揮できていないのだ。そういう「場」を与えることこそが、人を大事にするということである。

篠辺は社長就任以来、「PDCAを回せる」人材の育成と各部署のチーム力の強化に心を砕いている。特に現場回りの際には「お客様満足度を向上させるためのPDCAサイクルの再構築を」と強く訴え、チェックイン、ラウンジ、機内など顧客接点でのサービス品質も、安全性・定時性・快適性などの運航品質も、〝ダントツ品質〟にしようと呼びかけている。

一方、篠辺は、現場が生き生きとした動きをしているかどうか、現場の状況に心を配る。人が爆発的なエネルギーを発揮するのは、やりがいのある、夢や感動のある仕事をするときだ。やりがいを感じるのは自分の仕事が社会に貢献していると感じられること、また自分の提案が採用されて会社が発展し、自分の価値が上がり、周囲から尊敬されるなど充実感を得られるときである。

そうした仕事の与え方、評価の仕方、職場の環境づくりに会社がどこまで苦心しているかに心を留める。篠辺が社員の表情を観察し、社員の話にじっと耳を傾ける理由である。

仕事というのは、自分に合ったいい仕事ばかりではない。しかし、やりがいを感じれば、人は実力をフルに発揮することができる。篠辺が「人」をコップ、「実力」を水に喩《たと》えて言う。

「一リットル入りのコップと二リットル入りのコップがあるとします。容量は能力を表す。能力主義で評価するとしたら間違いなく大きなコップのほうが高く評価される。さて、仕事をやりました。一リットルのほうは目いっぱい（水が）入っています。二リットルのほうは一・二リットル分（水が）入っています。どちらを評価するか。私は小さなコップのほうを高く評価する。精一杯実力を発揮する人が評価される会社にしたいと思います。さらに言えば、二リットル入りコップで（水を）一・五リットル、一・七リットルへと増やすような人事政策や環境づくりを実施していくことが大切なのです」

そう言う篠辺は、過去、随所で自らが課題を発見し、克服策を提案、実行してきている。仕事に誇りを持ち、常にコップの「水」を満杯にしてきたのだ。

篠辺は四〇歳のときにすでに「夢」と「感動」を与える制度を提案し、実行している。最優秀整備士を認定する「マイスター制度」がそれだ。整備士は日々多くの知識と高度な技術を習得し、会社に貢献している。しかし、評価としては管理職への登用しかない。一つの尺度で測っているため、「会社に貢献しているのに」と不満に感じる社員が増えていた。もし、多様な尺度で評価ができるようにすれば、貢献している社員はその世界で満足な会社生活を送れる。

そこで、篠辺は、経営者予備軍選抜が人事評価の要となっている「ピラミッド型」の評価を、他の尺度で会社に貢献している人材を遇する「複線型」に変えていかなければならないと考えたのである。

現在、篠辺は魅力ある職場づくり、人づくりに取り組んでいる。人が人を育てる組織力の強化を図り、人の力で勝ち抜く教育研修を行う一方、女性・外国籍社員・シニア社員などが活躍するダイバーシティを推進する。

私が「出世するタイプは」とたずねると、「うちは無駄に明るく、やたらに元気な人のタイプが多い」と声を上げて笑った。

ミッションは土壌改良と種まき

経営者の至上課題は持続的な成長だ。それも中長期的な周期での成長であり、短期的なマイナス成長時は問題にはならない。ところが、ほとんどの経営者は短期的であっても利益を上げることで頭がいっぱいだ。トップの使命は利益を上げ、株価を高め、企業価値を増大させることのみとされ、収益だけがトップの評価基準になっているからだ。そのため、つい近視眼的な経営に陥る。今期の売り上げ、営業利益、ROE（株主資本利益率）……などの数字が気になって仕方がない。数字が悪ければ、方針がブレる。今ほどトップに、ゴーイングコンサーン

（企業が将来にわたって事業を継続することを前提にする考え方）が求められるときはない。

篠辺は社長就任以来、ＡＮＡの経営ビジョン「お客様満足と価値創造で世界のリーディングエアライングループを目指す」の実現に向けてエンジンをフル回転させている。その結果、ビジョンは社内に浸透し、各職場では心構えや行動を表した「安全」「お客様視点」など五項目から成る「行動指針」に基づくオペレーションが追求されている。

篠辺が埋め込みつつあるのは、理念やビジョンだけではない。部署ごとにＰＤＣＡを回せる企業風土や新しいことに挑戦する企業文化をも埋め込もうとしている。

振り返ると、ＡＮＡの歴代社長は皆、自らのミッションを追求してきた。野村吉三郎はスターアライアンスへの加盟を決断し、大橋洋治は「アジア№1」への布石づくりを行い、山元峯生《やまもとみねお》は国際線事業拡充の礎を築き、伊東信一郎はＬＣＣや沖縄貨物ハブ事業化など新規事業を開拓した。

それでは篠辺は、次の世代に何を残そうとしているか。それは次世代に向けての〝土壌〟改良であり、〝種まき〟である。キーワードは「パイオニア精神」と「イノベーション」だ。大きな事業革新から個々のプロダクト、サービス提案に至るまで、常に革新を行う〝パイオニア〟でなければならない。

その精神の発揮は、世界的に著名な二六名のシェフによる機内やラウンジの食事・飲み物のプロデュース、リアルタイムで番組視聴が可能なライブテレビなど多くの機内サービスに表れている。また、ターミナルサービスでも、自動手荷物預け機の導入、保安検査場をスムースに通過できる樹脂製車椅子の導入など、他社に先駆けて革新を行っている。これらの発想の原点が、「顧客満足度」の向上にあるのは言うまでもない。

また、国際線事業の拡充という〝種まき〟のための施策の一つは、新規路線の開設。篠辺は二〇一三年四月から今日まで、羽田発着路線をロンドン、ミュンヘン、マニラ、シドニーなど一〇路線、また成田発着路線をデュッセルドルフ、ヒューストンなど五路線を新設し、国際線を拡充。さらに、ガルーダインドネシア航空、エチオピア航空など七社と新たにコードシェアを開始している。こうした国際線事業の拡大によって、二〇一二〜一五年度の三年間で、国際線の売上高は三四八三億円から五一五六億円、国際線旅客数は六二七万人から八一六万人へと拡大している。

ベトナム航空との資本業務提携も実現した。アジア・北米間の市場を取り込むことで、将来の成長を取っていこうと考えるＡＮＡＨＤ（ホールディングス）社長の片野坂《かたのざか》真哉《しんや》とビジョンや思いを共有した結果だ。ＡＮＡＨＤはベトナム航空に八・八パーセント出資し、今秋からコードシェアを開始、また両国の就航地におけるチェックイン、地上支援、ケータリング、整備などの空港関連業務の相互受委託も実施する予定だ。

重要なのは、海外の航空会社へリスクを伴う投資をしてまで、市場獲得へ動く、その積極性である。これを機に、篠辺はアジア・北米間の市場獲得戦略に一層拍車をかける。

将来の成長へ向けて篠辺の〝種まき〟が続く。

柄澤康喜《からさわやすよし》　MS&ADホールディングス社長（三井住友海上会長）

変革に情熱を注ぎ続けてきた〝変化の仕掛け人〟

「No.2」シップ

No.2はそれぞれの階層に存在する。ときには、企業のために「闘う人」ともなる。究極的な役割は会社を成長させ、時代の変化に対応できるよう変革し、長寿企業として存続させることだ。

三井住友海上の会長で、MS&ADホールディングス社長の柄澤康喜（六六歳）は、旧住友海上に入社以来、二〇一〇年、三井住友海上の社長になるまで営業に九年、企画に二〇年、海外、広報、財務に四年携わるが、随所で会社を変革することへの情熱を持つ〝No.2シップ〟を発揮し、会社を動かす主役となってきた。

一九八二年から一二年間、社長室で、企画と日本損害保険協会（損保協会）の事務局を担当していたときもそうだった。当時、金融界は規制緩和に向けて動き始めていた。一九八九年、住友海上が二度目の協会長会社になると、柄澤は事務局員として保険業法改正のための情報収集に心血を注いだ。欧州各国を回り、業務・料率規制などを調査する一方、欧州の法律事務所など調査機関とのネットワーク作りに奔走。協会会長を務めた社長の徳増須磨夫《とくますすまお》（当時）を支え、業界に「住友海上」の〝存在感〟を示すことに貢献した。

それ以降、柄澤が№２シップを発揮した場面はいくつもある。

一つは、一九九一年、生保プロジェクトリーダーとして生保への進出を導いたこと。当時、改正保険業法が議論され、生保・損保会社の相互参入が認められようとしていた。損保各社は生保会社設立を検討し始めた。住友海上も、生保参入を検討するプロジェクトを発足させ、検討を始めることになった。

柄澤康喜

行政の動きに精通していた柄澤は確信を持って社長の小野田隆《おのだたかし》（当時）に進言した。すると、高潔な人柄で知られる小野田は怒った。「君らは勝手に生保会社を作ると結論付けているが、どういうことなんだ」

社内には反対意見が多かったが、柄澤は「自由化の波が押し寄せてきています。生保会社を作って生・損保のクロスセルをやれば、事業は拡大します」と、意義と目的を訴え続けた。やがて小野田が腹を決めると、プロジェクトは進み、一九九六年、生保子会社の設立に至った。柄澤の当初の進言と情熱がもたらした生保事業と言っても過言ではない。

もう一つは、二〇〇一年の米シティグループとの変額年金専門の合弁会社の設立だ。ある日、住友海上社長の植村裕之《うえむらひろゆき》は親交のあるシティグループＣＥＯのサンディ・ワイルと会い、「何か新しい仕事を立ち上げよう」という話になった。指示を受けた柄澤は直ちにシティグループの日本代表と協議した。その結果、折半で変額年金専門の合弁会社を設立することで合意した。問題はＣＥＯをどの会社から送り込むかであった。

住友海上は三井海上との合併直前だったため、柄澤は一計を案じ、二人の共同ＣＥＯを提案し、シティ側に飲ませた。変額年金、折半出資、共同ＣＥＯ……柄澤が考え抜いたビジネスモデルの構築だった。そうして設立された現在の「三井住友海上プライマリー生命」は、約一七八億円の純利益（二〇一五年度）を稼ぐグループの〝稼ぎ柱〟に育った。

柄澤は社長に就任するまで、トップの意思を下に伝え、下の思いをトップに伝える〝№２〟の役割を果たし続けた。

経営統合での腐心

持続的成長を遂げる経営者に共通するのは、現場感覚があり、事業に精通していること。そして、「リーダーシップ」があることだ。リーダーシップとは、方向性を示し、ビジョンを社内に徹底し、自ら率先垂範して努力することである。つまり、経営トップの不可欠の条件は、リーダーシップがあり、現場感覚を持ち、率先垂範することだと考える。

柄澤は現在、経営ビジョン「世界トップ水準の保険・金融グループを創造する」を掲げ、その実現に向けて改革を推進する。つまり、企業リーダーとして、社員一人ひとりに会社の行く先を示し、全員がそれを共有できるようにし、社員を導いている。

柄澤は、二〇一〇年の三井住友海上社長就任以来、二〇一一年には「役割イノベーション」、二〇一二年には「グループ機能別再編」、中期経営計画「ネクストチャレンジ2017」、さらに二〇一五年には英損保大手アムリン社を買収するなど、リーダーシップを発揮し続けている。

柄澤が一貫して腐心してきたのは、三井住友海上（MS）とあいおいニッセイ同和（AD）の経営統合によりグループはどこに行こうとしているのか、どんな方法で到達しようとしているのか、そのためには社員は何をすればいいのか理解できるようにすることだった。

経営統合で規模は拡大したが、規模自体は直接競争力につながらない。そこで柄澤が喫緊《きっきん》の課題として取り組んだのは、収益力を高めるべく〝統合効果〟をいかに迅速に上げるか。そのために柄澤が改革の基柱にしたのが、社員が新たな業務領域にチャレンジする「役割イノベーション」と、ＭＳ、ＡＤ両社の持つ強みを発揮させることを目的にした「機能別再編」だ。

とりわけ注目すべきは、機能別再編だ。ＭＳはグローバルな保険・金融サービスを展開し、ＡＤはトヨタグループ・日本生命グループというパートナーとの関係を強化し、地域密着営業を展開する。いわば得意分野の〝棲《す》み分け〟である。柄澤が言う。

「効率性だけを考えれば〝合併〟が有利かもしれませんが、われわれが〝統合〟で目指すのは成長と効率化の同時実現です。これまでにないまったく新しいビジネスモデルなのです」

機能別再編は、マリン・航空分野、海外事業、販売網・拠点の集約……と計画的に進めており、今後は損害サービスシステムの統一を行うという。

柄澤は、リーダーシップをどうやって培ってきたか。

一九九四年、本店営業第二課長時代にはすでに発揮している。

当時、企業代理店担当の営業には、契約を獲得しようと代理店へのサービスに力を入れる風潮があった。柄澤は、保険会社と代理店の関係は共に顧客を向く真のパートナーでなければならないと考えていた。そんな折、ある代理店から「保険会社と代理店は『志』『夢』を共有し、お客様への提案力を高め合うことが大事」とアドバイスを受けた。柄澤は、課員と数社の企業代理店と、泊まり込みの合同研修を始めた。回数を重ねるたびに課員、代理店の意識は変わり、共にお客を向いて新しい商品・サービスを提案し合うようになった。

さらに柄澤は、自らが午後五時退社を率先垂範し、「残業ゼロ」「午後五時半退社」の〝課風改革〟も実施した。すると、課員は仕事の本質に立ち戻り、生産性、効率性を考えて仕事に取り組むようになった。

柄澤は、当時からリーダーとして自分の考えを課員に伝えている。――方針は私が決める。もし、難しいとか、できないと思ったら私のところへ来てくれ。私がフォローする。責任は私が取ると。

柄澤は、①人の知見をよく聞き、②自らの価値観をしっかり持ち、③常にできる方法を考え、④部下の育成・指導に心を砕いている。図らずも、今、柄澤があげているリーダーの条件でもある。

存亡の危機をチャンスに転化

柄澤は、経営ビジョン「世界トップ水準の保険・金融グループの創造」を実現するため、三井住友海上、あいおいニッセイ同和の中核損保二社の強みを最大限発揮し、顧客の満足度向上を達成し、国内№1の地位を確立しようと「機能別再編」の完遂を目指している。また、「お客様第一」「誠実」「チームワーク」「革新」「プロフェッショナリズム」の五つの行動指針を掲げ、顧客からの支持・信頼を得ようと訴える。

同社は、決して順風満帆に成長したわけではない。幾度か危機をチャンスに転化してきた。典型例が、三井住友海上が二〇〇七年に不払い問題で業務停止処分を受け、存亡の危機に瀕したときだ。当時、三井住友海上は、医療保険で医師の診断を経ずに、保険金の不払いを決めたり、自動車保険に付随する特約での支払い漏れなどの事例が多数にのぼった。また、不払いについて、内部監査でチェックができなかったのに加え、一部契約者からの苦情が経営陣に届かず放置されていた。この問題で、取締役二人が引責辞任し、全役員が報酬の一部を返上した。

当局の検査を担当していた柄澤（当時、取締役常務執行役員）は、原因は商品の複雑さにあると考えた。商品がわかりづらいため、保険会社も顧客に対してきちんと説明できない。請求したときにチェックする仕組みがないため、支払い漏れが出てくる。そこでまず、商品構造を簡素化し、わかりやすくする。次に代理店が説明責任を果たすような販売網を構築することが必要と考えた。

その後、柄澤の主導で、社長の江頭敏明を本部長とする「新ビジョン推進本部」を設置し、現場の社員と経営陣が意見交換を行う「経営ミーティング」を開始する。さらに、会社全体の企業品質の向上に取り組む「つくるかわるプロジェクト」をスタート。また、業務運営の適切性の事後検証を行う「企業品質管理部」を新設し、苦情システム、提言プロジェクトにより、顧客・代理店・社員の声を収集、分析し、業務改善、品質向上に結び付けた。そして、社員の提言を実現させる「提言実現チャレンジ」も始める。

「今まで苦情が多いのは、現場の責任といわれ、〝苦情減らし〟を競わせてきた。しかし、苦情は多ければ多いほど、改善に生かせる。苦情を〝お客様の声〟という表現に変えました。お客様視点で考えることができるよう、現場の声がもっと上に上がる仕組みを作ることが必要でした」

柄澤は業務改革に当たり、全員参加の経営風土の礎を築いた。柄澤が振り返る。

「『新ビジョン』の策定や提言をまとめるなど若手社員が活躍してくれました。企業品質を良くして、お客様の信頼を得る。それが成長につながり、その成果による果実がまた品質を向上させる。品質向上→顧客の信頼→顧客満足度の向上→成長という好循環のシナリオを描いたのは若手社員でした」

ピンチのときに生まれた全員参加の経営、顧客起点の徹底、企業品質の向上、コンプライアンスの強化など新しい企業風土が同社の成長要因になっていることは、論をまたない。

「私は再編論者」

本来、人は変化を嫌う。経営者も従業員も、変化に抵抗する。現在の企業文化、アイデンティティーを可能な限り維持しようと、変化に抵抗するのだ。しかし、それでは企業は成長しない。成長を持続させている企業の多くは、変化を享受し、変化を成長の機会にしていると私は考える。

柄澤は、変わりゆく企業の〝変化の体現者〟であり、自ら変化を起こす〝変化の仕掛け人〟でもある。

一九七五年、住友海上に入社した柄澤は、二度大きな変化を体験した。二〇〇一年一〇月、社長室長として三井海上との合併、さらに、二〇一〇年四月、三井住友海上社長に就任すると同時に、あいおい損保、ニッセイ同和損保との三社経営統合を体験している。つまり、自社が企業文化の異なる他社と融合し、変化する過程を二度経験したわけだ。

柄澤は、企業が成長を遂げるためにはイノベーションが必要で、常に新しい商品の開発・販売をし、新たなサービスの提供を行うことが成長の原動力となると考える。そのため、自らが変化を起こす当事者になったこともある。

「私は再編論者」と言って憚《はばか》らない柄澤は、一貫して業界再編の必要性を唱えてきた。描いたのは、損保の無益な過当競争をやめさせ、大手数社による正常な競争が行われる業界図だ。その中の一社になり、体力をつけ、新しいリスクに対応し、経済発展に役立つ保険会社にすることが柄澤の「志」であり、「夢」であった。現在の〝三メガグループ体制〟は柄澤が率先してチャレンジした結果でもある。

「われわれの役割は、日本国内だけでなく、グローバル規模で、いろいろな新しいリスクへのチャレンジ、防災・減災に対するノウハウの提供を行い、世界の産業発展の原動力となることです。そのためには、新たなリスクに対してカバー（補償）を提供できる体力が必要です。経営を安定させ、キャパシティが大きくなれば、国内外の新しいリスクへの対応にチャレンジできるようになります」

柄澤が体力＝収益力の重要性を痛感したのは、二〇一一年のタイの大洪水のときだった。損保は大被害を受けて委縮した。これではダメだ、新たなリスクに対して長期安定的にカバーを提供し、産業を支えていかなければならない。使命感からきた想いだった。

もう一つ、柄澤がみずから起こした変化が、自社のグローバル化だ。三井住友海上は、これまで海外事業への投資を積極的に行ってきた。二〇〇四年、六五〇億円を投じて英損害保険会社、アヴィヴァ社のアジア損保事業を買収し、ASEAN（アセアン）損保市場でトップに立つ。

注目すべきは、二〇一五年、英損害保険大手のアムリンを総額六四二〇億円で買収したことだ。アムリンは、世界最大の保険取引市場ロイズでは第二位の引き受け実績を持つだけに、世界の金融業界を震撼させた。これにより、三井住友海上の海外比率は、正味収入保険料（売り上げに相当）で一五パーセントから二六パーセント（アムリンの実績を合算）、純利益で一五・三パーセントから三一・七パーセント（同）へ拡大。また、ROE（株主資本利益率）も五・二パーセントから六・九パーセント（二〇一六年度）へ向上。体力を強化しつつある。

柄澤は、縮小が指摘されている国内損保市場を悲観していない。むしろ新たな産業における新たなリスクへの対応にチャレンジしていくという。例えば、高齢化時代に備えた医療機関向け「医療機関総合補償プラン」。また、エネルギー代替におけるリスクへの対応は、太陽光発電事業者向けの日照不足に備えた「メガソーラー総合補償プラン」、中小水力発電事業者には水不足による売電収入の減少を補償する「中小水力発電総合補償プラン」など、次々と革新商品を提供している。

変化し続けることで、持続的成長を遂げる——。柄澤の信念である。

「君は生意気だ」

長寿企業に共通するのは、人を育て、技術を育て、事業を育てる、いわば「育てる文化」が埋め込まれていることである。元来、日本の企業は育てる文化を持っていた。一方、欧米の企業は、効率をすべてにおいて優先させ、効率を高めるため、人も、技術も、事業さえも選択する「選択する文化」である。

ところが、グローバリゼーションの進展によって、日本の企業も「選択する文化」にシフトするケースが増えている。育てる文化は、時間がかかる。効率という点では評価されないかもしれないが、その文化からは、従業員の会社へのロイヤルティー（忠誠心）が生まれ、従業員同士の絆が深まり、社員が一体感を持ち、社員のモチベーションが高まるという利点がある。今後は「育てる文化」の経営に、効率を求めていく時代になる、と私は考える。

柄澤が三井住友海上の社長就任以来、一貫して力を注いできたことの一つにモチベーションの向上がある。理念「保険事業を通じて安心と安全を提供……」を繰り返し訴え、その実現のために「お客様第一」「誠実」「チームワーク」など五つの行動指針（バリュー）を、何度も語っている理由だ。バリューのうち、最も柄澤がこだわっているのが「チームワーク」だ。「強い結束力」のある企業は永続すると確信する。

では、チームワークはどうやって培っていくか。理念＝存在意義を、社員が共有する。「価値ある商品やサービスを顧客に提供することを通じた世の中、社会への貢献」――つまり「世のため、人のため」という自発性の企業文化を埋め込むことだと考える。

「不払い問題」を体験してきただけに、「価値創造なくしては、企業は継続できない」という思いが強い。長期にわたって持続可能な優秀企業になるには、経営者や従業員に使命感や倫理観といった規律が作用していることが鍵となる。

柄澤は、会社の本質は人間集団にあると考え、人材育成の重要性を訴える。特に管理職に対して「最大の仕事は人育て。下の人間は皆、君たちの背中を見ている。模範的に行動し、バリユーを説いてくれ」と言い続ける。

柄澤にも、上司に鍛えられた体験がある。中でも、最も強い影響を受けたのが、元住友海上常務取締役の野村昌夫《のむらまさお》と元同社社長の植村裕之。

野村には組織の責任者としての使命を教わる。ある折、野村が言った。「私の役割は担当した組織をなくすことだ。目的を達成したら、組織を要らなくさせることが私の仕事だ」。当時、野村は企画セクションを新設し、軌道に乗せていた。普通なら組織を作ると、人を集めて囲い込もうとする。ところが、野村は組織を拡張するどころか、目的を達成すれば「なくす」と言う。

柄澤が言った。「あの言葉は鮮烈でした。以来、私は組織を立ち上げると、早く退いて次の人にバトンタッチする。自分がいなくても回る組織にすることを心がけてやってきました」

柄澤が「ゴーイングコンサーン」を経営信条とするのも、そのときの経験がベースとなっている。

もう一つ、社長室時代の上司、植村のアドバイスも影響を与えた。あるとき、植村が自由奔放に振る舞う柄澤に言った。「君は生意気だ。気を付けたほうがいい。これから昇進するとき、その生意気さが障害となる」。以来、柄澤は言い方や態度を改めるよう努めた。「植村さんの忠告は効きました。あのときのままなら、私は皆から反発を受け、管理職にもなれなかったと思います」。人育てが管理職の重要な仕事であることを示すエピソードだ。

柄澤は、「育てる文化」に、効率化を〝接《つ》ぎ木《き》〟することで、同社を永続する企業グループへ導こうとしている。

松崎正年《まつざきまさとし》　コニカミノルタ取締役会議長
一貫して開発畑を歩んできた〝スターイノベーター〟

技術営業を率先して実行

コニカミノルタ取締役会議長の松崎正年（六六歳）は、二〇〇九年から二〇一四年までの五年間、同社社長を務めた。同社を中堅の複写機メーカーからカラーデジタル複合機とプロダクション印刷で世界企業へと導いた経営者として知られる。その経営手腕は、二〇一四年三月期まで四期連続増益を続けたという実績からもうかがえる。

そんな松崎も実は、入社してから社長になるまでの三三年間のうち課長時代までは、技術開発者として将来基幹事業となる新技術を次々と開発し、また、部長時代以降は事業開発責任者として技術革新を推進し、新規事業を起こすと同時に、社員の意識改革に取り組むなど歴代社長を支える「No.2」だった。

一九七六年、東京工業大学大学院卒業後、小西六写真工業に入社した松﨑はまず、研究所で材料開発などに携わる。その後、技術戦略部門の技術開発本部に異動、新事業への開発リソースの配分を提案する企画を担当し、自らが提案したプリンター開発に関わる。

見逃せないのは、松﨑は自身が開発した熱転写プリンターの顧客を開拓するために、〝技術営業〟を率先して実行したことだ。開発者が顧客を回る技術営業に先鞭《せんべん》をつけた。そのとき開拓したのは、米家電量販店、ラジオシャック。何度目かの売り込みでようやく販売成約にこぎつけた松﨑は、顧客視点の製品でなければ、売れないことを痛感した。

松﨑正年

松﨑の名前が社内に轟《とどろ》いたのは、米通信情報メーカー、HP（ヒューレット・パッカード）へOEM供給するカラーレーザープリンターの開発に成功し、カラー機販売台数世界一の商品にしたときだ。コニカにとって、カラー複合機で将来大きな成長を取る方針を固める決定的瞬間でもあった。

一九八〇年代後半、米国展示会に参加した松﨑は、他社のインクジェットプリンターの高性能に衝撃を受け、上司に「熱転写では勝てない」と報告した。上司は直ちに熱転写プリンターの開発を中止し、モノクロのレーザープリンターの開発に着手する決定を下す。やがて上司の提案により、まだ世に出ていないカラープリンターの開発に携わる。松崎は「世界一」を狙《ねら》える製品の開発を目指した。

一九九〇年代前半、試作機をＨＰに提示すると共同開発パートナーに選ばれた。その後、松崎はＨＰに何度か改良試作機を提案するが、「これでは世界トップは狙えない」と突き返される。ＨＰの高い要望に応えるため、松崎は連日深夜まで技術者と創意工夫を凝らした。ＨＰが承諾したのは一九九四年のことだ。製品とトナーのＯＥＭ供給でコニカは多大な利益を得た。何より大きな成果は、常にゼロックス、キヤノン、リコーの上位三社の後塵《こうじん》を拝し、「万年Ｂクラス」の地位に甘んじていた社員が誇りと自信を取り戻したことだった。

また、コニカ、ミノルタ両社の開発部門同士の協業のときも、松崎は〝融合〟に心血を注いだ。会社が違えば、意見の相違は必ず起こる。松崎は「共通の目標を持たせることが対立を解決する優れた方法」などと対処法を記したメモを各リーダーに渡した。

二〇〇三年、両社が経営統合すると、松崎は前任者の太田義勝《おおたよしかつ》（元同社社長）の掲げる「ジャンルトップ戦略」を支えるのである。

チャレンジ精神の欠落を招いた「万年Ｂクラス」

企業にとっての至上課題は、持続的な成長である。そのために、企業は何をすべきなのか。

それが今日の企業経営に求められている最大の課題だ。重要なのは、中期的な周期で成長を遂げているかどうかである。持続的成長を遂げる風土になっているか。土壌が改良されているか。〝種まき〟が行われているかが問われるのである。

今のグローバリゼーション時代には、ほとんどのトップが短期的視野で利益を上げることで頭がいっぱいである。トップのミッションは一つ。すなわち、利益を上げ、株価を高め、価値を増大させることのみとされ、トップを評価する基準が収益一辺倒になっているからである。そのため、つい近視眼的な経営に陥ってしまいがちだ。必要なのは長期的な視点である。

松﨑は、ゴーイングコンサーン（企業が将来にわたって事業を継続することを前提にする考え方）を実行した経営者の一人だ。

松﨑は、社長になると、「持続的に成長できる会社にする」という経営理念を掲げ、その実現のために、「足腰のしっかりした会社」と「社会から支持され、必要とされる会社」の二つを目指す考えを社内に訴えてきた。しかも、言葉で表現するだけではない。自分の理念や方向性通りの会社運営をも実行してきた。

それは、松﨑が社長時代に断行した数々の思い切った改革――ＨＤＤ（ハードディスクドライブ）用ガラス基板事業からの撤退、三〇〇億円の特損計上、持株会社（コニカミノルタホールディングス）制から一事業会社（コニカミノルタ）への再編、情報機器・光学・ヘルスケアの事業転換をみればうなずける。

松﨑がとりわけ心を砕いたのは、企業風土の改革だった。コニカミノルタの社員は、ゼロックス、キヤノン、リコーの上位三社の後塵を拝していたため、「万年Ｂクラス」に慣れてしまい、トップを目指すチャレンジ精神がなくなってしまっている。企業風土を改革しなければ、持続的成長を遂げる会社にはならない――。

そこで、松﨑が強力に推進したのが、成長が見込め、勝算のある部分でトップを狙う「ジャンルトップ戦略」（ＪＴ戦略）だった。ゴーイングコンサーンで、前任者の太田義勝の掲げたカラー複合機の部分でトップを狙う「カラーＪＴ戦略」を継承したのみならず、その戦略を他の事業部門にも広げ、トップを目指すことを意識させた。

そもそも松﨑が、トップポジションに固執するようになったのは、四〇歳前後のとき。カラープリンターを共同開発したＨＰの技術者から「製品は№１でなければならない」という開発思想を聞き、世界一位を続ける企業の価値観や企業文化の一端を体感したからだ。松﨑はＨＰとの技術協議の場で、「この問題を完全に解決するのは困難だ。この品質レベルでどうだろう」と何度か提案したが、その都度、ＨＰから「このレベルでは世界一は狙えない」と返された。世界シェア一位を生き残りの絶対条件とする№１企業のチャレンジ精神あふれる社風を目の当たりにした。松﨑は、「彼らの発想は当たり前のように、№１であるためにはこうでなきゃいけないというもの。私には目から鱗《うろこ》が落ちる思いでした」と言う。

世界トップになると、社員は誇りと自信を持ち、達成感が得られる。達成感が得られると、挑戦意欲が出てくる。つまり、「ＪＴ戦略」は社員に自信を与え、挑戦意欲をもたらす正のスパイラルを生むというわけだ。

現在、同社がトップを目指しているのは、カラー複合機とカラーのプロダクション印刷機、それに産業用材料・機器事業の各分野だ。いずれも〝世界一〟へ向けて業績を向上させている。ＪＴ戦略は、ゴーイングコンサーン、つまり「持続的に成長できる会社」を実現するための推進力になっている。

急激な変化に強い危機感

危機をチャンスに転化できた経営者の共通項は、冷静に考える能力があることだ。危機に陥ると、追い詰められて、自社のすべてを否定し、規律を失い、成果を悪化させる経営者が多い。危機をチャンスに変えることは、実に困難なことなのである。

松﨑はどうか。最初の三年はリーマンショックの後遺症、東日本大震災、福島第一原発事故、タイ洪水、円高ユーロ安の進展など、毎年、何かしらの出来事に見舞われ、その対応に追われた。松﨑は危機感を抱きながらも冷静に有事の今後の展開と悪影響を考え、先を読んで対応した。

松﨑にとって、真の危機感は、有事にではなく、社会・環境の急激な変化にあった。至上課題とした「持続的成長」実現のための取り組みを、いかに速度を上げて行うか——。とりわけ、松﨑が危機感を強く抱いたのは、情報機器を取り巻く環境の変化であった。先進国の複合機市場が成熟し、成長の速度が鈍化したのだ。さらに、スマートフォンの出現により、プリント枚数減少の問題が加わった。コピーも含めたプリント枚数が減少に転じることは、収益源が減ることだ。全売上高の七〇パーセントを占めるカラー複合機事業を基幹事業とする同社にとってまさに死活問題だった。

そこで松﨑は、考えて考え抜いて現在の事業に付加価値をつけたり、イノベーションを行ったりして事業を新しい方向性に換えていく「事業転換戦略」を推進する。特に、力を入れたのは、将来、成長を遂げる新たな「成長エンジン」を作ること、つまり、新しいビジネスモデルの構築だった。

一つは、複合機とITサービスを組み合わせた「ハイブリッド・ビジネス」。複合機の販売にITサービスを組み合わせることにより、複合機をより有効に使ってもらう。そのため、コニカミノルタは、ITインフラ構築・管理・業務支援サービスを提供するIT企業のM＆Aを繰り返してきた。例えば、全米二一都市の拠点で地域に密着したITサービスを展開するオールカバード社。その後も、同社は、米国のＩＴサービス会社を次々と買収し、オールカバード社の傘下に組み入れた。その結果、二〇一三年度末時点で、全米二七都市以上をカバーするに至った。

二つ目は、プロダクションプリント用カラー機市場の拡大だ。印刷業、企業内プリントセンターの市場から、販促用印刷物を印刷する商業印刷、さらにモノづくりを印刷で行う産業印刷の分野に拡大する戦略だ。そのため、ＭＰＭ（マーケティング・プリント・マネジメント）サービス会社、英チャーターハウスを買収した。ＭＰＭとは企業と印刷業者の間に入り、企業が印刷物を発注してから受け取るまでのプロセスをマネジメントするサービス。同社はチャーターハウスの買収により、そのサプライヤーネットワークを構成する各印刷業者に商品やサービスを紹介できる。さらに、印刷業者に対しても、同社の機器を購入すれば、チャーターハウスがその社に適した注文をもたらす。

産業印刷分野も、インクジェットのヘッド供給ビジネスを拡大している。広告看板印刷用プリンターから、パッケージング資材やセラミックタイルの印刷、さらに布地への捺染などへ広げている。

他にもヘルスケア事業の事業転換がある。同社はもともとＸ線撮影用フィルム現像処理機、処理剤を製造していた。しかし、Ｘ線撮影法がＸ線ディテクター（探知機）を用いてコンピューター処理し、画像化する方式に進化すると、同社はＦＰＤ（フラットパネル・ディテクター）と読影用コンピューターの販売と保守サービスのビジネスへの転換に取り組んだ。

事業転換戦略は、技術に精通し、事業を把握し、イノベーションの方向性に確信を持つ松崎ならではの危機感に根ざした戦略だった。

一貫してイノベーションを主導

メーカーが成長を遂げるための競争力を構成する要素は、イノベーション、品質、コスト、速度といろいろ挙げられるが、最も重要なのは、イノベーションだと考える。イノベーションなき成長はあり得ない。アナログからデジタル、ブラウン管テレビから薄型液晶テレビ、携帯電話からスマートフォン、ガソリンエンジン車からハイブリッド車、さらに燃料電池車……。常に新しい技術を開発し、新しい製品の販売とサービスの提供を行う。その結果、安定した収益を上げる。その収益で社員の生活を守り、株主に還元し、先行投資を行い、社会に貢献し、社会から尊敬される企業になる。

入社以来一貫して開発畑を歩んできた松崎は、コニカミノルタのイノベーションを主導してきた〝スターイノベーター〟だった。

同社のカラー・デジタル複合機の〝生みの親〟である松崎は、コニカ時代には、カラー・プリンター、カラー・デジタル複合機の開発に携わり、ミノルタとの経営統合後には、カラープロダクション印刷システム、ソフトウエアなどの開発を推進してきた。同社社長になると、イノベーションをさらに加速させ、デジタル印刷システム、有機ＥＬ照明、カセット型デジタルＸ線撮影装置など革新商品を投入した。

開発者としての使命は、二つある。一つは、現事業に貢献する技術の開発であり、一つは、新しい事業の芽を作ることだと松﨑は言う。

「私は常に、将来につながる開発を心掛けてきた。結果を出すには時間がかかる。私の役割は開発の先鞭をつけること。あとは引き継がせる。それが私の生業《なりわい》でした」

事実、松﨑が開発したＨＰ向けカラー・レーザープリンターの技術は、カラー複合機およびカラー小型プロダクション印刷システムの開発の礎《いしずえ》となっている。

こうして松﨑が開発に着手したハードウエアとソフトウエアの新技術は、事業を進化させ、同社の主力事業へと成長させている。現在、売上高の約八一パーセント（二〇一六年三月期）を占める情報機器部門は、松﨑が技術開発の先鞭をつけたオフィスサービス事業と商業・産業印刷事業の両事業から成り立っている。

松﨑にとってイノベーションとは何か。

「イノベーションで大事なのは、技術開発の起点をお客様の価値に置くこと、つまり、今までにない新しい価値をお客様に提供することなのです。私は若い頃、〝技術の差別化〟ということをよく言われました。他社との技術の差別化はどこにあるのかと。しかし、差別化するのはあくまでもお客様に提供する価値なのです。今までにない価値をお客様に提供する。それを実現するために、新しい技術を開発する。すると、結果的に技術は差別化できるのです」

イノベーションの目的は、顧客への価値創造である。松﨑が社長在任中に掲げた、得意な領域でトップを目指す「ジャンルトップ戦略」も、新しいビジネスモデルを創る「事業転換」も、新しい市場を創造するための、いわば〝手段〟なのである。

重要なのは、松﨑は開発責任者の頃から、そうした目的意識を開発者全員に共有させ、顧客起点の開発文化を浸透させていったことだ。開発者自らが顧客を回り、直接要望を聞く「技術営業」を率先垂範したのはまさにその典型例だ。

では、今後、どういう切り口で価値創造を具現化するか。松﨑は、光学、写真材料、イメージング、微細加工の四分野で、自前技術と他社技術を組み合わせた「オープンイノベーション」が必要と唱える。そんな開発マインドを継承するため、同社は二〇一四年、事業開発を経験した現地人材の活用により開発を進める「ビジネスイノベーションセンター」を世界五ヵ所（欧米中日アジア）に開設した。

「ワン・コニカミノルタ」で真のグローバル化を

「グローバル企業といったときに、私は無国籍企業にするつもりはない。あくまでも日本の企業であり、日本の企業としてのグローバル化でなくてはならない」

こう語る松崎は、これまで真のグローバル化を追求してきた。コニカミノルタは、世界四五ヵ国に拠点を持ち、世界約一五〇ヵ国に販売拠点を構築する。全売上高の八一パーセントが海外売り上げで、主力事業の情報機器事業の売上高の八〇パーセント以上が海外拠点からもたらされる。また従業員数四万三〇〇〇人のうち、約七〇パーセントが海外子会社の従業員。まさに〝グローバル企業〟。

しかし、本質論者の松崎は、「グローバルに事業を展開する企業＝グローバル企業」とは考えない。「真のグローバル企業かどうかはグループを構成する組織・機能・社員をグループ全体としてどう動かせばよいのかを発想し、行動できている会社である」と語る。

そういう意味で、松崎ほど真のグローバル化の舞台作りに真剣に取り組んだ社長はいない。最大の功績は、社長時代に断行した、事業会社七社を傘下に置く持株会社制から一つの事業会社「コニカミノルタ」への改編だった。これにより、「ワン・コニカミノルタ」としてのグローバル化の実現が可能になった。

松崎が掲げた中期経営計画の基本方針の一つ「真のグローバル企業への進化」は、グローバル全体最適の発想ができるグローバル企業に「変わろう」というもの。その思いを、国内外の社員との対話会を開くたびに伝え、社内報などでも何度も繰り返し訴えてきた。

その成果として松﨑がよく引き合いに出すのはチェコ販売会社の社員のことだ。社長退任前に、シンガポール販社のオフィスを歩いていると、ある欧米系社員が声をかけてきた。「以前、社長がチェコ販社に来られた際、私たちに、『これからはグループに何で貢献できるかを考えてほしい』とおっしゃった。そこで私は、得意なITソリューションの知見をアジア地域のビジネス強化に役立てたいと手を挙げて当地に来たのです」と言った。「私のメッセージをしっかり受け止めてくれて、グローバル発想で行動してくれた社員のいることを非常にうれしく思った」と松﨑は語っている。

言葉で訴えるだけでない。仕組みづくりにも腐心した。その代表例が、世界各国の拠点の社長や幹部を東京に集めて行う研修だ。内容は、社長の松﨑が経営ビジョン、会社の状況や課題などを伝え、質疑応答を行う。また外部講師による講義、グループ討議などを行う。

松﨑は、全体最適を進める切り口を三つあげた。一つは「統一・統合化、標準化」。取引先のグローバル企業は、機器の供給者と機種を統一し、管理を標準化してコスト削減と業務の効率化を図っている。その要求に応えるために、自社は仕事の仕方やプロセスを標準化し、どの国でも同一水準のサービスを提供する必要がある。一つは「人・モノ・カネの融通」。本社が統括して、グループ各社が資金を調達し合う仕組みづくりを進める。モノの融通とは情報の融通。知見や成功例・失敗事例の共有により顧客への対応能力を高める。一つは「わかっている人に任せる」。

全体最適で最も大事なのは、従業員の価値観の共有である。このことは経営統合後、松﨑は何度も身をもって体験している。

松﨑が悩んだのは、トップのグローバル化だ。「ある日、私が次の欧州統括会社の社長は欧州の人にしようかと現地の人に言うと、『それはダメだ。日本の会社なのだから日本の人がトップに就く。それでみんなが納得している。ドイツの人がトップになれば、フランスとかオランダといったドイツとあまり仲が良くない国の販社の社長は、なぜ、あいつの下で働かなきゃいけないんだと不満を持つ』と」

松﨑のまいたグローバル企業の種がどう育つか、注目される。

上條努《かみじょうつとむ》　サッポロホールディングス社長

米国赴任・子会社出向を自ら選んだ傍流組

自ら選んだ環境で悪戦苦闘

サッポロホールディングス社長の上條努（六二歳）も〝傍流体験組〟だ。入社して社長になるまでの三五年間のうち、米国法人と子会社の飲料会社に合計一八年出向する。営業畑が主流の同社では典型的な傍流組。それだけに二〇一一年の社長就任時には業界の話題になった。

上條は、一九七六年、サッポロビールに入社。門司工場（福岡県）を経て、七八年から七年間、資材部で原材料の購入に携わる。そこでは大麦、ホップの協働契約栽培、調達の観点からビール製造を眺めてきた。その後、一九八五年から五年間、サンフランシスコに赴任、米国のビジネスを一から学び、現地のビール販売及び収益重視の経営を経験する。帰国後、経営企画部を経て、一九九五年から一二年間、子会社「サッポロビール飲料」へ出向、飲料事業の生き残り戦略を立案、実施した。

上條の〝傍流体験〟の特徴は、自らが手を挙げて願い出た〝自発的傍流体験〟であることだ。なぜ、上條は米国法人への赴任を望んだのか。当時、事務系社員は全員、国内営業に出された。しかし、自分だけは海外営業を体験してみたい、と考えていた。そんな折、米国法人社長になる竹西宗和（元サッポロビール専務取締役）の送別会に出席し、「私を使ってくれませんか」と直談判した。「海外営業をやるとよい」と背中を押してくれたのは直属の上司で、彼は竹西に掛け合ってくれた。

上條 努

翌年、上條は三一歳で、単身サンフランシスコに渡る。英語では苦労したが、持ち前のバイタリティーで道を切り開いた。一人で始めたオフィスは社員八人に増え、駐在員事務所から支店へと昇格させた。上條は、地域ディストリビューターの開拓、その販売強化に全力を傾けた。その結果、米国での販売数量は、七七万ケースから一二〇万ケースにまで増えた。

現在、米国でのアジア系ビールの販売数量では三〇年連続で一位。その礎を築いたのは上條と言っても過言ではない。このように立ち上げ期のサンフランシスコ支店をほとんど一人で管理し、営業、財務、会計を勉強して悪戦苦闘したことが、上條に経営的能力の基礎を与えたと言える。

また、飲料子会社への出向も、自らの意思によるものだ。帰国後、上條は経営企画部に異動し、サッポロビール飲料とサッポロビールの飲料事業部の統合という組織再編プランを提案した。採用されると、「現場で実際に実行したい」と自ら手を挙げて、飲料子会社へ出向する。そこでは収益を高めるため、補完し合える相手とならば積極的にアライアンス（提携）を行う戦略を取る。サッポロ飲料の主力商品となった炭酸ミネラルウォーター「ゲロルシュタイナー」やジュース「オーシャンスプレー」など海外飲料会社との商品開発がそれだ。

取締役経営戦略部長としてサッポロホールディングスに戻ると、自らも作成に加わった一〇年計画「新経営構想」を打ち出したのをはじめ、外部ファンドと組んだ飲料事業の立て直し、ポッカコーポレーション、協同乳業などとの資本業務提携、ベトナム工場進出を次々と成し遂げた。同社社長に就任すると、酒類大手のバカルディ ジャパンとの業務提携、北米での飲料事業開始、サッポロ飲料とポッカとの経営統合……と事業改革を断行する。

傍流で、悪戦苦闘した結果が本社の経営に生かされている好例である。

社員に信用されない会社は成長せず

イノベーションの原動力となるのは、社員の自発的な働きに他ならない。社員の高いモチベーションであり、現状を変えようとする熱意、成長への情熱だ。社員のやる気を引き出し、仕事に対するやりがいを感じてもらえさえすれば、どんな難題に直面しても克服できる。それでは、どうやって社員のモチベーションを高め、やる気を起こさせるのか。

上條は語る。

「健全経営を行うことが大前提です。私は四〇代になるまで、研修などでモチベーション云々《うんぬん》と言われましたが、『それは違う』と思っていました。社員のモチベーションは、会社の業績が上がり、成果が公平・公正に評価され、給料が上がれば高まります。大事なのは経営者が社員に信頼されることです」

トップが社員から信頼を得るための条件は四つ。一つ目は自分の理念や方向性を自分の言葉で伝え続けること。二つ目は言行一致の会社運営を実行する。三つ目は実績を上げること。四つ目は高潔であること。モチベーションは、敬意を払える高潔な人格者でないと、上がらない。

上條が二〇一一年、社長就任以来、頻繁に国内外の事業所を回り、社員にグローバル人材、海外・新規事業などについて自分の思いを伝える一方、社員の意見に耳を傾けているのは、社員の信頼を得、モチベーションを高めるためと言っても過言ではない。

上條は現在、グループ経営理念「潤いを創造し、豊かさに貢献する」の実現に向けて、〝サッポロらしさ〞、つまり、オンリーワンを提供することに取り組んでいる。ビール市場シェアは四位だが、昔から熱烈なファンがいる。そうしたお客様に愛され続けなければならない。「日本ビール検定」を設立し、ビールの楽しさや奥深さを伝える一方、SNSを使い情報を発信、顧客の好みや意見を収集したり、ファンコミュニティー「百人ビール・ラボ」を通じて顧客と一緒に商品開発を行ったりして、新たな楽しみを提案している理由である。

上條が、「社員に信頼されない会社は成長しない」と確信したのは一九九〇年代前半のこと。上條が米国から帰国したときにはすでに東京・恵比寿《えびす》の工場跡地に商業施設「恵比寿ガーデンプレイス」の建設工事が進んでいた。バブル期に開発計画を進めたため、資材や人件費負担が重くのしかかっていた。そのため、同社は全社を挙げて選択と集中を進めた。新九州工場の竣工に伴う門司工場の閉鎖、資材部の再編、赤字続きのビール輸出の見直し……。上條は、自分が携わってきた部署がすべて消されるような恐怖を覚えた。

上條が言う。「あるときは挑戦せよと言い、あるときは儲《もう》からない事業は全部外せと言う。言行不一致の経営者は社員に信用されなくなり、よい結果は生まれないと考えました」

上條が飲料子会社のサッポロビール飲料に出向したのも、言行を一致させるためだった。同じ人間が最後まで責任を持ってやり遂げることが重要だと考えたのだ。当時、同社が苦戦していた一因は、事業の企画と実行の部署が別々だったことにあった。

サッポロビールの飲料営業、商品開発部門と、サッポロビール飲料とが併存して効率性に欠けていた。上條は組織の一本化が必要と考え、自ら手を挙げ、九六年にサッポロビール飲料に出向。社内の説得に奔走し、翌年にサッポロビール飲料への集約を果たす。

特筆すべきは、上條がサッポロホールディングスの経営戦略部長に就任した二〇〇七年、一〇年後の二〇一六年までの長期経営構想を策定したことだ。社員に長期ビジョンを掲げ、社員全員を一つにまとめて経営に参加させ、目標達成を追求させてきたことにより、同社は業績を上げ、社員の信頼を取り戻し、モチベーションを向上させたのである。

「初めにビール類事業の強化ありき」

成長する企業の経営者に共通するのは、自社が取り組むべき事業範囲を十分理解している範囲に絞り込んでいることだ。トップがわからない事業は、決して手掛けない。トップが事業を把握できていなければ、的確な意思決定ができないからである。

上條は、現場の実態を体感し、把握できている事業だけを手掛けてきた。新しい事業に着手する際にも、事前に現場に頻繁に足を運び、最前線の生情報を肌で感じ取り、意思決定を行うことを不可欠とした。同社傘下の企業が、国内酒類、食品・飲料、国際、外食など上條が現場感覚を持ち、十分把握している事業ばかりとなっているのは、そのためだ。

重要なのは、上條は一貫して同社グループの〝祖業〟であるビール類事業の強化を優先課題として取り組んでいることだ。同社のビール類市場シェアは大手四社中四位。上條が入社した当時は二位だったが、一九八八年に三位、さらに二〇〇八年には四位と後退、以来その状態が続く。

上條の成長戦略の基本的考え方は、「初めにビール類事業の強化ありき」だ。ただし、シェアは追わない。「商品の品質と販売サービスが先、シェアは後」と考える。ビール低迷の要因は、目先のシェアに気を取られ、売り上げをどう伸ばすか、商品をどうアピールするかという思いが欠けていたことだと分析する。

「ビールは楽しさを提供するものでなければいけない。世界で唯一、大麦とホップを育種し、〝協働契約栽培〟しているサッポロビールならではの、原料の育種から始まるビール造りや、ビールの奥深さを伝え、明るく、楽しい場を消費者に提供していくことが大事です」

上條は、明るく、楽しい場を提供することを不動不変の理念として守り抜いてきた。医薬品やサプリメントなどは、自社が取り組むべき事業範囲ではないと決めている。

では、既存事業の強化策は何か。まず顧客に支持される商品を作り、売り抜くことだ。そのうえで、新しい商品価値の提供を行う。上條が打ち出しているのが〝アライアンス戦略〟である。上條が言う。

「新事業は持株会社と事業会社が一緒に手掛けていく。世の中には良い素材を持ちながら、業績が上がっていない会社がある。そういう会社と手を携えてやっていきたい」

同社は現在、国内酒類、食品・飲料、国際の各事業でさまざまなアライアンスを進行させている。ただ、今に始まったわけではない。上條は、早い時期から「志」を共有する企業との提携を推進してきた。二〇〇四年、サッポロ飲料のマーケティング本部長のときにはドイツの炭酸ミネラルウォーター「ゲロルシュタイナー」や米国の飲料「オーシャンスプレー」などと自ら交渉し、輸入販売を実施した。さらに、サッポロホールディングスの経営戦略部長のときには、安曇野《あづみの》食品工房、ポッカコーポレーション、協同乳業と矢継ぎ早に資本業務提携を行った。

特筆すべきは、上條が自ら交渉に当たったポッカコーポレーションとの提携だ。ポッカは、レモン飲料と缶コーヒーを軸に成長したが、二〇〇〇年から赤字に転落、投資ファンドに出資を求め、上場を廃止した。その後、業績は回復し、さらなる成長に向けてパートナーを探していた。そんな折、手を挙げたのが同社常務の上條だった。二〇〇九年、同社はポッカと資本提携し、二〇一一年にポッカを子会社化した。二〇一三年、同社傘下のサッポロ飲料はポッカと合併、ポッカサッポロフード&ビバレッジとなり、基幹事業となっている。

経営再建で確信した身の丈経営の重要性

成長を遂げる企業の経営者は、身の丈に合った成長を図り、事業リスクを直視している。例えば、ある期間に企業が生んだ資金と出ていった資金の収支であるキャッシュフロー（現金収支）の範囲で、身の丈に合った研究開発、長期投資を行っている。キャッシュフローの範囲内で投資をしていれば、借金経営にはならない。それに失敗したときのリスク管理ができているため、思い切った投資判断ができる。つまり、企業の持続的成長を睨んで思い切った投資が行えるということだ。

上條も、身の丈に合った成長を図ることを心掛けている。二〇一五年度の売上高は対前年一五〇億円増の五三三七億円、営業利益は七億円減の一三九億円。二〇一六年度は、売上高五四七七億円、営業利益二〇一億円を見込む。

また、研究開発、企業買収など長期投資も、身の丈に合った規模である。これまで同社単独の投資ではベトナム工場の建設費約五二億円（二〇一一年）が最大とみられる。他は買収が主な投資で、米飲料の「シルバースプリングスシトラス」が約一八億円（二〇一一年）、米シャーベットの「リッジフィールズ・ブランド・コーポレーション」が約一五億円（二〇一二年）といった具合。共同買収案件では豊田通商と共同買収した米飲料の「カントリーピュアフーズ」（二〇一四年）の推定一億ドルがある。研究開発も、キャッシュフロー一〇四億円（二〇一五年度）の範囲内で行っている。

上條が推進するアライアンス戦略も、身の丈経営の一環だ。提携例は、豪クーパーズとのビールのライセンス生産、韓国メイル乳業とのビール販売委託など数多い。

上條はなぜ、身の丈に合った成長を心掛けるのか。それは健全経営の持続のためであり、会社の主役である社員のモチベーションを高めるために他ならない。その原体験は一九九〇年代、米国から帰国し、本社の経営企画部で、経営再建に携わったときにある。

当時、同社は市場シェアが三位に後退していた。さらに、経営に重くのしかかっていたのは、東京・恵比寿にあるビール工場跡地の商業施設「恵比寿ガーデンプレイス」の建設費三〇〇〇億円の借金だった。そこで事業の見直しを実施し、利益の出ない事業は撤退、成果の出ない組織は再編、コストは徹底的に削減するという方針を出した。

このとき、上條は過去自分が所属していた門司工場や資材部がなくなるのではないかと恐怖感を覚えたことは前述した。巨額の借金がいかに社員のモチベーションを下げ、活動を委縮させるか、上條は体感している。

「恵比寿再開発を決めた一九八〇年代、当社は業界二位の地位は不動と高をくくっていた。さらに高度成長を前提に山手線の内側の工場跡地を開発してテナントを誘致すれば安定して稼げると考えた。ところが、一九九四年開業したときにはバブルが弾けていたため、賃料は下げざるを得ず、経営環境が厳しくなっていった。市場動向を読み違えていたこと、開発事業はすべて自前でやろうと考えていたことは反省すべきです」

経営陣が読みを間違えることは十分あり得る。それを前提とした戦略が必要になる。上條が事業リスクを直視するゆえんである。同社は事業リスクの管理としては、国内酒類、国際、食品・飲料、外食、不動産の五本の事業の柱を作って、ヘッジする。また、マーケットも、国内酒類は安定成長の市場であるのに対し、北米とベトナムを中心とするアジアは成長を取る市場と捉えている。北米では「スリーマン」「サッポロ」の両ブランドが市場を拡大、さらに「カントリーピュアフーズ」なども業務用市場で堅調だ。一方、ベトナム工場はアジア各国への輸出拠点に育成する計画だ。

第五章　危機を好機に変える「幸福な成功者」

塚本《つかもと》 勲《いさお》 加賀電子会長

裸一貫で起業を成功させた波乗りの達人

運転資金ゼロからの出発

多くの経営者と接していて思うのは、運をつかむ人は、「自分は運がいい」と思える人が多いことだ。同じような体験、経験をしたときでも、その受け止め方は千差万別だ。そこでいつも「ああ、俺はなんて運がいいんだ」と思える人、特に失敗や挫折《ざせつ》をして、なお「幸運だ」「得難い経験だ」と捉えられる人、そんな人が運を呼び、成功している。

エレクトロニクス専門商社、加賀電子会長の塚本勲（七三歳）も、その一人だ。同社は塚本が一九六八年に創立した半導体、ＥＭＳ（電子機器の委託製造サービス）、各種ソフトウエア・情報処理システムなどの企画・開発・販売を手掛ける独立系エレクトロニクス専門商社の最大手。二〇一六年三月期連結決算では、売上高二四五三億円、営業利益七七億円。

裸一貫で起業した塚本はどうやって運をつかんだのか。

塚本は、一九四三年、石川県に五人兄弟の三男として生まれた。父親は旧国鉄職員だったが、生活は貧しかった。子供の頃の思い出として今でも鮮明に残っているのは、富山の薬売りが常備薬の集金に来たとき、母親が近所の家に頭を下げてお金を借りに行く姿だった。子供の頃のこうした体験が塚本のバイタリティーを支え、「自立心」を芽生えさせた。

人生の転機は高校一年のときに訪れた。一足先に働いている中学の同級生と付き合うようになると、塚本は「早く自分で金を稼ぎたい」と思うようになり、高校を中退して東京の電子部品メーカーに就職した。二年間、電子部品の組み立てに明け暮れたが、望郷の念に駆られて、父親に地元に帰りたい旨を打ち明けた。しかし、父親からは「今のまま帰ってきても就職先はない。車の免許でも取ってこい」と諭され、帰りたい一心で免許を取得した。その免許がその後、「運」を呼ぶ。

塚本 勲

上司に辞意を伝えると、「うちで営業をやってみないか」と営業への転出を勧められた。塚本は、帰郷を思いとどまり、新しい仕事に挑戦することにした。車を運転できる喜びとさまざまな人に出会えるうれしさで、塚本は水を得た魚のように、音響メーカーや電子部品商社などに売り込む営業の仕事に打ち込んだ。六年間の営業で、塚本が一貫して心がけたのは「どうすれば得意先の役に立てるか」だった。

「例えば、音響メーカーから『新製品を開発するにあたって、こんなボリュームがいるんだけど、何とかならんか』と相談を受けると、会社に戻って技術や工場の人を説得するなど、いろいろな根回しをした」

独立したい——。志を立てた塚本は、電子部品メーカーを退社、知人と共に電子部品商社を旗揚げした。ところが、社長に就いた知人が経理面で不透明な点が多かったことに嫌気が差し、七ヵ月で辞めた。

「利益がいくら出ているのかはわからない。社長に何度も情報開示の必要性を訴えたのですが、明かそうとしない。そんなとき、社員が交通事故を起こし、損害賠償費用を巡って社長と揉めた。就業中なのだから、会社で負担をと主張する私に対し、社長は『個人の不注意で起こったものだから個人で負担すべき』という。このままいると喧嘩別れになると思い、辞めました」

知人の社長は、社員を大事にせず、不透明な経営を行っていた。このとき、塚本は社長を反面教師として捉え、自分が社長なら①社員を大切にし、②経営をガラス張りにしようと決意した。現在の塚本の基本的経営方針はこのときつかんだものだった。

その後、塚本は加賀電子を創業したが、運転資金ゼロからの出発だった。しかし、塚本は悲観するどころか、カネがないことを前提とした取引を編み出した。まず機器メーカーから先に注文を取る。その際、先払いにしてもらう。そのカネを持って電子部品問屋から部品を仕入れて、夜までに届ける。つまり、受注した時点で仕入れ先に発注する同社の〝受発注システム〟は、このとき考案された。フロー重視の無借金経営を実現するキーポイントとなった。

この仕組みを可能にしたのが、塚本の「人間関係を大事にする」生き方だった。

失敗の経験は無形の財産

経済のグローバル化の進展により、日本企業は過去の高度成長時代に培った日本独自の経営手法や商慣習、つまり、終身雇用制、年功序列制、手厚い福利厚生事業などを捨てざるを得なくなった。企業という企業は、世界中同じ基準で評価されるようになり、ルールも、同じものが適用される。そして経営者の使命は一つ。利益を上げ、株価を高め、価値を増大させることのみとなった。

それにもかかわらず、塚本は、日本独自の〝家族的経営〟にこだわり続ける。

塚本は、創業以来、「人間尊重」の理念を掲げ、社員との一体感を醸成すべく「公明正大」「ガラス張り経営」を継続して行ってきた。究極的な目的は、社員のモチベーションを高めて会社を存続させていくことにある。そのためには、社員が仕事にやりがいを感じられるようにしなければならない。「やりがい」とは、社員と会社が相互に信頼し合える関係にあり、自分の仕事や商品・サービスに誇りを持ち、一緒に働いている仲間と連帯感を持つことをいう。高いモチベーション↓仕事のやりがい↓会社との信頼関係↓仕事に対する誇り↓会社に対する満足度のアップ。この「正のスパイラル」に入らないと会社は安定して存続できない。

同社が軽井沢、箱根、熱海、グアムなどに保養所を設け、葉山《はやま》（神奈川）と宮津《みやづ》（京都）にクルーザーを所有したり、社費で社員旅行や親睦会を催したりして、福利厚生事業に力を入れているのは、そうした環境作りのためだ。

塚本は創業五年目から三五周年まで毎年、社員とその家族を慰労するクリスマスパーティーを開いてきた。パーティーでは決まって塚本が冒頭に経営状況を発表したのち、「この業績はご家族の皆様方のご協力ご支援のおかげです」と謝意を表した。家族へ礼を述べることは家族から社員へのさらなる応援につながると確信していたからだ。

人間尊重とは、「社員の自主性の尊重」でもある。塚本は社員が自発的に新しいことに挑戦する社風を持続してきた。

「自分一人では何もできない。だから社員は自分の分身です。みんなに権限を委譲し、分担し合って、価値観を共有しながらやる。私は創業当時から会社は何のためにあるのかと考えてきました。結論は、会社というのはみんなが稼ぎに来る場所ということでした。もともとが『自分たちの給料ぐらいは自分たちで稼ごうよ、稼いだものはみんなで山分けしようよ』という野武士的な発想からきています」

社員の自主性を発揮させる仕組みの一つに、新規事業の提案制度がある。過去、社員提案による事業案件は三〇〇件を下らない。うち、加賀スポーツなど、約五〇社の子会社がグループ企業として大きく成長している。

塚本は新しいことに「挑戦したい」と手を挙げた社員には挑戦させている。会社設立の条件は、「三年で単年度黒字、五年で累損を一掃すること」である。信賞必罰が実行され、条件をクリアすれば高く評価されるが、クリアできなければ、半年間、減俸処分となる。

注目すべきは敗者復活の機会を設けていることだ。塚本は失敗の経験を無形の財産と捉え、失敗を糧《かて》にして本人が成長してくれればいいと考えている。例えば同社では、あるエンジニアの提案に基づき修理サービス事業を米国で展開していた時期がある。ところが、創業四年で八〇〇〇万円もの損失を出し、撤退を余儀なくされた。この失敗も成長の糧になっているという。

「当時担当していた社員は今、技術部門の責任者です。英語を話せて、歌って踊れる（笑）エンジニアになって、海外各地から最新の技術情報を入手するなど活躍している。米国駐在で成長したのです」

同社は全部門、全社員を対象に年二回、優秀賞、個人賞、努力賞、拡販賞など、表彰する機会を設けて社員のやる気を引き出している。

走りながら考えた確信的経営哲学

「会社が続いたのは、世の中の変化に対応してこられたからです。時代とともに変わり続けるお客様のご要望にお応えできなければ、われわれの事業は持続できません」

持続的成長の秘訣《ひけつ》を問うと、塚本はこう答えた。

優秀企業の経営者に共通するのは、まず、自社が取り組むべき事業の範囲を明確に認識していることだ。経営者がわからない事業は、決して手掛けない。塚本も同様、創業以来、エレクトロニクス部品以外は決して手掛けなかった。

さらに、塚本は、創業時から「在庫を持たない」というやり方を一貫してとっている。創業時に在庫を持つ資金がなかったことを理由に挙げているが、〝ノン在庫〟は塚本が走りながら考え抜いた確信的経営哲学でもあった。

利点は、在庫資金も倉庫代も保険金も要らないというだけではない。常に顧客の立場に立ち、新しい技術を提案する顧客第一の企業風土を生んだことだ。ノン在庫商法は、先に顧客の注文を受け、それを部品メーカーに発注する〝受発注システム〟が前提となるため、顧客の要望に応えることが持続の不可欠条件となる。同社が成長を遂げてきたのはその条件を満たしてきたからだ。

では、塚本はいかに時代の変化の波に乗ってきたか。最初の波は、一九七三年の第一次石油危機のときに大ブームとなった米国向け無線機「ＣＢトランシーバー」だった。無線機の部品を担当していた塚本は、輸出専門の会社から注文を受けていたが、需要が急増したため、日本で部品が手に入らなくなった。そこで一計を案じた塚本は、人脈を辿ってついには東欧へ調達に出かけ、顧客の要望に応えた。

次は、一九七八年に大ブームとなったインベーダーゲーム。このときも、電子部品が日本で入手困難になると、塚本はＣＢトランシーバーの部品調達の際に培った東欧の人脈を駆使し、顧客に供給し続けた。

また、一九八〇年代半ばには、塚本はアップル向けパソコンのディスプレーを開発し、大ヒットさせた。アップルがモニターとして使っていたディスプレーは文字がにじんでいたため、塚本はインベーダーゲームで使っていたモニターに着目し、アップル向けのディスプレーをつくり、世界のアップルの代理店に売り込んだ。その次は、家庭用テレビゲーム。このとき、同社はある会社と提携、ゲームソフトの開発を手掛け、大きく業績を伸ばした。その後、同社は一〇年間、アップルの日本の代理店となり、パソコンやアイポッドなどアップル製品の販売を行い、飛躍的な成長を遂げた。

こうして塚本は、時代の変化を乗り切ってきたのだ。

「私たちは在庫を持たないため、売りつなぐしかありません。足で情報を取り、足で稼ぐ。商売のチャンスはすべて人のご縁によって生まれると言っているんです」

同社は顧客の要望に基づく製品の生産も行っている。さらに、同社は日本で最初にEMS（電子機器の受託製造サービス）事業を開始した会社であり、現在では中国、タイ、マレーシアなどでEMS事業を展開している。

「EMS事業を開始したのは、お客様の要望が電子部品から加工製品に変わったからです。われわれは昔、『加工取引』と言っていました。それが、あるときからEMS事業と言われるようになった。われわれは結果的に電子部品が売れればいいという発想で加工取引を始めたわけです」

同社のEMS事業の特徴は、多様な顧客の要望に対応できるシステムをとっていることだ。つまり、一社に偏重せず、自動車、アミューズメントなど多様な製品に対応できる〝少量多品種〟生産可能な工場にしているのだ。

今、塚本が注力する分野は、医療ロボットなどの医療、滅菌装置などの介護、ソーラーシステムなどのエネルギー関連だ。塚本が言う。

「探究心旺盛な、情報のアンテナを張る人たちの集団であれば、ビジネスチャンスは必ず広がる」

全社員を〝ビジョン漬け〟に

経営者の重要な役割の一つは、理念とビジョンを策定する。そして理念とビジョンを全社員に共有させ、実現に向けて邁進することである。とりわけ大事なのは、社員が理念、ビジョンを納得し、モチベーションを上げることである。そのためには、トップが社員に理念、ビジョンを語り続け、理解させるだけでは十分ではない。社員がビジョンにどっぷり浸かるようにしなければならない。

塚本は、全社員を〝ビジョン漬け〟にしている。同社の理念は、「すべてはお客様のために」である。実現すべく行動指針は、「F.Y.T.」（ファイト）。Fは、市場の変化に柔軟に対応していくフレキシビリティ。Yは、行動力や発想は若くなければいけないというヤング。Tは、常に挑戦し続けようという意思を込めたトライ。

塚本は、いかにして社員が理念、ビジョンにどっぷり浸かるようにしてきたか。

まず、「F」。同社は創業以来、一九六九年のカーステレオブーム に続いて、一九七三年のCBトランシーバー、一九七八年のインベーダーゲームの波に乗り成長した。一九八〇年にはアップルのパソコン用CRTディスプレーの委託生産に乗り出し、一九八三年からのファミコンとエレクトロニクス産業に押し寄せた新しい波に乗った。

その秘訣は、塚本が「電子部品の便利屋」のコンセプトを追求し、顧客第一で、顧客のニーズを最優先してきたことにある。塚本は、メーカーの販売代理業ではなく、顧客の購買代行業に徹してきたのだ。受注後、仕入れ発注する「受発注システム」が可能になったのも、「先を読む営業」を展開することができたのも、そのためだった。

LED照明の販売、ソーラーパネル事業、健康医療事業など、同社の事業はすべて顧客のニーズに対応すべく社員の提案によるものだ。

「われわれはどこよりもスピード感のある会社。これはいけると思ったら、躊躇《ちゅうちょ》せず、どんどんやります。社員が『これをやりたい』と手を挙げたら、基本的にすべてやらせる」

次に、「Y」。加賀電子の幹部の多くは、かつてPC用モニターの直販チャネルづくりのため、米国現地法人へ送り込まれた人たちだ。塚本は、米国市場の開拓のため、新入社員を含めた若手をロサンゼルス、シカゴ、ダラスなどへ派遣した。彼らは現地の米国人社員に〝忍者部隊〟と呼ばれた。塚本が言った。

「英語も話せない若手が、地図とイエローページを片手に毎日ディーラーを回り、営業活動を行ったのです。彼らはいろいろな経験を積んで育ち、今では海外現地法人の社長などをやっています」

さらに、「T」。同社のグループ企業は五〇社。社員が自発的に「やりたい」と手を挙げた事業ばかりである。現在、同社専務取締役の高師幸男は、入社後、半導体をやりたいと言うと、塚本は「いいよ」。さらに、アシスタントが欲しいと言うと、塚本は大事な自分の秘書を送り込んできた。一九八一年、半導体事業部がスタート。売上高は一〇〇億円から一気に三〇〇億円に伸びた。

同社EMS事業部長の俊成伴伯《としなりもとのり》は一九九二年、「香港に拠点をつくって中国を攻めるべきです」と塚本に訴えた。「おまえ、言い出しっぺなんだから、自分でやったらいい」と塚本。俊成が香港に現地法人を設立すると、やがて香港駐在の社員の中から、次は台湾、シンガポール、上海、大連と、手を挙げる者が続出した。香港進出当時、わずか約三億円の香港・中国ビジネスは現在では七〇〇億円に拡大している。

「人は任せたらやります。上役が企画してやらせるより、そのほうが成果を出す確率が高いし、失敗したとしてもその経験は必ず生きる」と塚本は言う。

塚本は言行を一致させ、すべてオープン、すべてフェア、すべてクリアにし、そのうえで自らの使命感や想いを自分の言葉で社員に訴えている。社員がビジョンにどっぷり浸かる最大の要因は、創業者の塚本自身が尊敬の対象になっているからに他ならない。

№2を育てる風土づくり

何度も繰り返してきたように、持続的成長を遂げる企業の経営者の条件は「№2」を育て、№2を企業の主役にすること。加賀電子は、№2を育成し、№2を主役に、組織作り、人育てなど経営環境作りを担わせることで成長してきた。なにしろ、五〇を超えるグループ企業のほとんどが社員の提案により誕生した子会社なのだ。もっとも、創業者の塚本は、「ウチはもともと〝野武士集団〟。新しいことをやりたいと手を挙げる社員の意思を尊重してやってきただけです」としか語らない。

№2が興した同社の子会社は、PC周辺機器等の開発・生産・販売を行う「加賀デバイス」、モバイル製品を販売する「加賀ハイテック」、ゴルフ用品の卸売を行う「加賀スポーツ」など。また、海外でも加賀台湾、加賀上海、加賀タイなどがある。

№2に共通するのは、事業を成功に導いた主役であることだ。元専務の嶋内敏博は、「セガ」との取り引きを開拓。入社後、セガへ日参したが、購買担当者に「帰れ。商社には用はない」と門前払いを食らい、相手にさえしてもらえなかった。しかし、嶋内は、新規口座を開きたい一心で通い続けた。その都度、アイスクリームやチョコレートなどを持参し、受付の女性への心尽くしを忘れなかった。

その熱心さと誠意が伝わったのか、ある日、受付嬢に購買部へ行くように言われると、購買部員が「タンタルコンデンサーが足りない。探してくれないか」。喜び勇んだ嶋内は、直ちにメーカーに当たり、見積もり書を提出、成約にこぎつけた。それを機に、同社はセガとの取り引きが始まった。興味深いのは、「お客様のところへ行くときには誠意とちょっとした気遣いが大切だ」という塚本の教えを守ったことだ。

以来、嶋内はNo.2として「顧客への心遣い」「顧客第一」など塚本の意思を社内に浸透させ、士気を鼓舞し続けた。

また、同社EMS事業部長の俊成伴伯が香港への進出を提案。香港事務所を拠点に同社は中国ビジネスを拡大した。見逃せないのは、台湾、上海、タイなどアジアの各拠点は香港の駐在事務所出身のスタッフが手を挙げて設置したことだ。俊成は海外展開でNo.2シップを発揮すると同時に、現地でNo.2をも育成した。

加賀USA社長の山中要、前加賀台湾社長で同社営業推進事業部副事業部長の鶴田慶次、加賀デバイス香港副社長の浦和了なども、No.2として海外事業を担ってきた。彼らは、一九八〇年代前半、アップルのパソコン向けCRTモニターのディーラーへの直販チャネルを開拓するため米国へ送り込まれた若者だった。米国では〝塚本の名代〟として市場拡大に奮闘、業績を上げていった。そうした彼らの経験はグローバル展開の礎となっている。

専務の筧新太郎は中途採用組。イトマンで海外畑を歩き、加賀香港の前身のホンテックスを起業した。イトマンが住金物産に吸収されると同時に、子会社のホンテックスも売りに出された。結局、加賀電子に売却され、筧は部下二人と加賀電子に入社した。その後、筧はNo.2として同社のグローバル事業をリードしていく。筧は部下が自分の頭で考え、自らの責任で行動するような環境づくりに心血を注いだ。

塚本がNo.2を主役にする企業風土づくりに腐心してきたのは、「人間尊重」の理念からであるのは論をまたない。

後藤忠治《ごとうただはる》　セントラルスポーツ会長
幸運思考で試練を乗り越えてきた元オリンピック選手

東京オリンピックでの惨敗で引退を決意

私は、経営者に必要な、最大にして最重要な資質は「胆力」であると考える。では「胆力」、言い換えれば「覚悟」の源泉は何か。「志」「使命感」である。では、「使命感」とは何か。それは「世のため、人のため」という思想からくる思いだ。

後藤忠治（七五歳）がセントラルスポーツを創業したのは、オリンピックで金メダルを取れる選手を育成するという「志」「使命感」からである。

同社は、元水泳選手で一九六四年東京オリンピック代表だった後藤が創業した、売上高五一六億円、店舗数二〇六、会員数約四一万七〇〇〇人のスポーツクラブの大手。一九八八年ソウル五輪水泳で金メダルを獲得した鈴木大地《すずきだいち》をはじめ、二〇〇四年アテネ五輪の男子体操団体金メダリスト冨田洋之《とみたひろゆき》と鹿島丈博《かしまたけひろ》、水泳銅メダリスト森田智己《もりたともみ》など、計二四名の五輪選手を輩出。所属選手が獲得したメダルは金、銀、銅各三個ずつの計九個である。

後藤に「使命感」が生まれたのは、なぜか。後藤は一九四一年、東京・葛飾区に生まれた。裕福な家庭環境の下、柴又《しばまた》の帝釈天《たいしゃくてん》で遊ぶなどして伸び伸びと育った。夏になると毎日、江戸川へ行っては飛び込んで遊んだ。

そんな後藤が本格的に水泳を始めたのは日本大学に入学してからだ。日大の水泳部は、高校の水泳部出身の生え抜きばかりで、力の差をまざまざと見せつけられた。後藤の記録が伸び始めたのは大学一年の冬のことだった。その年の八月にローマ・オリンピックが開催された影響で、四年後の東京オリンピックへの出場を夢見るようになった。練習終了後、一人で国立競技場の地下にある温水プール通いを重ねた。ただ、「勝ちたい」という一念からだった。

その後、後藤は毎年一〇〇メートル自由形の自己記録を五九秒、五八秒、五七秒と一秒ずつ更新していく。大学を卒業し、百貨店の大丸に入社直後の一九六四年四月には、五五秒二という日本新記録を樹立、念願の東京オリンピック日本代表に選ばれた。当時、日本は水泳王国といわれ、国内記録保持者は有力なメダル候補と見られていた。

一九六四年一〇月、開幕した東京オリンピック。ところが、後藤は一〇〇メートル自由形で一一位と惨敗。四〇〇メートルリレーでも、四位とまさかの敗北を喫した。「本番で力を発揮できなかったのはショックでした。それでもう水泳とは縁を切ろうと引退を決意したのです」と言う。

後藤は大丸を退社し、妻の実家が経営する建設機械製造会社に転職した。それから五年後、人生最大の転機が訪れる。

営業マンとして取引先を回る毎日を過ごしていたある日のこと。久しぶりに立ち寄った東京・代々木のオリンピックプールで意外な光景に出くわす。大学時代の恩師で東京オリンピックの日本水泳チームのコーチでもあった村上勝芳が、子供たちにボランティアで水泳を教えていたのだ。聞けば、オリンピックの結果が不振に終わったことに責任を感じたからだという。「自分は惨敗したことを忘れようとしていたのに……」。後藤は恩師の姿に胸を打たれた。そして、「スイミングクラブを開いて、オリンピックで金メダルを取れる選手を育てよう」と決意する。「志」を立てた瞬間だった。

後藤忠治

クラブの開設に向けて走り出した折、オリンピックで数々のメダルを獲得していた小野《おの》喬《たかし》と出会い、協力を仰いだ。一九六九年、小野を理事長、自分は副理事長として体操および水泳選手の育成を目的としたセントラルスポーツクラブを創業する。その後、後藤は事業拡大に心血を注ぐ。

起業を決意させた転機

私は、拙著『幸運思考』（講談社）で、成功する人の共通点を①逆境でも自分は運がいいと思える人、②「志」や「夢」を持っている人、③過去を引きずらない人、④あきらめない人など、八つあげた。人は同じような体験や経験をすることがある。どのようなことであれ、それに対して「運がよかった」と思えるような人が成功している。そして失敗したとき、その原因を他人のせいにしたり、タイミングや環境のせいにしたりせず、すべて反省の機会に置き換えられる人が成功しているのだ。

後藤も、そんな考え方で試練を乗り越えてきた一人だ。

後藤にとって人生の大きな転機は、二回訪れている。最初は、東京オリンピックで敗北したときだ。悔しさと情けなさで、悶々として日々を過ごしたのち、後藤は水泳選手を引退し、義父が経営する建設機械製造会社に転職することを決意する。このとき、後藤もいったんは落ち込んだ。しかし、いつまでもくよくよしていてはいけない。苦悩を捨て去り、「今日で忘れよう」と割り切る。まさに日々新たに、である。

後藤が次なる「夢」の実現に向けて全力疾走したのは、新しい職場で寝食を忘れて仕事に打ち込んだことからもうかがえる。最初は経理、のちに営業の仕事に携わり、仕事を覚えるために夜遅くまで残業をしたり、人脈を築くために、人を紹介してもらっては積極的に会うように努めたりした。夢は「経営者になる」ことだった。

二度目は、恩師の姿を見て起業を決意したときだ。東京オリンピックから五年後、たまたま立ち寄った代々木のオリンピックプールで、子供たちを教える大学時代の恩師で、オリンピック水泳競技監督の村上勝芳の姿を目の当たりにし、強く心を揺さぶられた。

メダルを獲得できなかったことに責任を取り、ボランティアで水泳を教えているという。こんなことを監督にさせてはいけない。オレが将来、金メダルが取れるような選手を育てていく――。新たな「志」を立てると同時に、子供の頃から抱いてきた事業家になる「夢」を実現するときが来たと思った。

後藤が、「志」「夢」の実現に向けて起業を決意したのは、私の言う〝幸運思考〟が身についていたからだ。

後藤が強い影響を受けたのは父親だった。父親は大分県出身で、慶応大学を卒業後、電鉄会社に勤務し、最後は系列のタクシー会社の社長を務めた。父親の躾《しつけ》は厳しかった。「勉強しろ」と言われて、「勉強したよ」と言うと、父親は「どこまで勉強した」と畳みかけてくる。「あの本を読んだか」と聞かれ、「読んだ」と答えると、「何が書いてあった」と追及する。嘘がバレると、竹の物差しで叩かれた。「いつの間にか父の教えが私の物事の判断の拠《よ》り所《どころ》となりました」と言う。

水泳も父親から教わる。故郷の急流の川で泳ぎを覚えた父親は、小学二年の夏休みに、後藤を江戸川へ連れて行き、泳ぎを教え込んだ。以来、後藤は水泳が得意になり、中高のときは毎年選手に選ばれた。大学に入ると死に物狂いで猛練習し、オリンピック出場の〝目標〟を達成した。

また、経営に関心を持つようになったのも、父親の影響からだ。「タクシー会社の社長をしていた父は家でよく事業について話をしていた。父の話に関心を持った私は、将来は経営者になりたいと思うようになった」と後藤は言う。

さらに、母方の祖父も、回転させて上向きにできる水道蛇口や、消防ホースの収納器具など、自分で考案した製品をつくる会社を経営していた。

「子供の頃、母に新橋駅構内にある水道の蛇口のところへ連れて行かれ、『これはおじいさんが発明したものよ』と見せられたことがある。子供心に祖父はすごいなと思った」

後藤が「志」「夢」を抱き続けるのは、事業家のＤＮＡが受け継がれているからだろう。

成功するまであきらめない

成功者に共通するのは、あきらめない人、挫《くじ》けない人だ。途中でうまくいかずに、挫折感に苛《さいな》まれても、決して挫けない。成功するには、まず「自分は必ず成功するんだ」という成功への揺るがぬ確信を持たねばならない。挑戦や事業を続ける際、挫折や失敗はつきものである。しかし、あきらめないことが大事だ。立ち塞《ふさ》がる障害がなんであろうと、成功するまであきらめない。挫けないでやり続けることができるかどうか。これが成功と失敗の分かれ目となる。

日本初のフィットネスクラブをはじめ、リラクゼーションを採り入れたウエルネスクラブを開設するなどスポーツクラブ革命を巻き起こし、日本に健康スポーツ文化を根付かせた後藤も、どんなに挫折感に苛まれても決してあきらめなかった。

同社の経営理念は、「ゼロ歳から一生涯の健康づくりに貢献する」である。後藤は、「理念の実現に向けて挑戦し続ける」と意気込む。

後藤の挫けない生き方の証《あかし》はまず、大学入学当初は水泳部員の中で成績最下位だったのが、四年生になると一〇〇メートル自由形で日本新記録を樹立、東京オリンピック日本代表に選ばれたことだ。後藤は大学での練習終了後も、一人で国立競技場のプールに通い、努力を重ねていたのだ。「トップになりたい」という一心からだった。

さらに、あきらめない生きざまは、東京オリンピック敗北後の〝起業〟に象徴される。潔く水泳生活を引退し、義父の経営する建設機械製造会社で一サラリーマンとして出直す。事業家を目指し、必死に仕事に取り組んでいた折、子供たちに水泳を教えている恩師の姿を見て、起業を決意するのだ。

後藤の成功への揺るぎない確信は、自前の施設を作ったことからもうなずける。七〇年、スイミングクラブを開始するが、事業は極めて不安定だった。会員を三〇〇人集めるが、月謝一五〇〇円では四五万円の収入にしかならず、事業としては存続が危ぶまれた。後藤は、経営を軌道に乗せるにはクラブと会員数を増やすしかないと考え、チェーン展開を推進した。しかし、その過程で、施設を貸してくれていた企業から突如、賃貸契約を打ち切られた。

後藤は慌てずに、冷静になって考えた。経営の安定性を高めるには、自社施設による多店舗化が必要という結論に達する。物件を探すと、千葉市内に絶好の物件が見つかった。ただし、二億五〇〇〇万円の借り入れが必要だった。当時の売上高は一億円。それを大きく上回る申し入れを銀行は受け付けてくれなかった。

「僕には担保に入れられるようなものは何もない。何度も足繁く通い、『成長のために自前の施設がほしいのです』とお願いし続けました」

後藤の情熱に心を動かされた当時の支店長は、まず後藤に何度も計画書を書き直しさせた。そして、セントラルスポーツが団体で生命保険に加入する一方で、その生命保険会社にはセントラルスポーツが融資を依頼している銀行を以後、利用してもらう、などといったスキームを作り上げたうえで本店の了解を取り付け、融資を実行した。一九七五年、後藤は千葉市に念願の自社施設第一号をオープンさせた。

後藤の失敗を恐れないチャレンジ精神は、日本で最初に「フィットネスクラブ」を開設したことにも表れている。

一九八〇年代に入ると、ジャズダンス、エアロビクスが日本でブームとなり、健康志向が全国的に高まってきた。後藤はそれを好機と捉え、一九八三年、東京・新橋にスタジオやジム、プールなどを揃《そろ》えた総合店「セントラルフィットネスクラブ新橋」をオープンさせた。日本初のフィットネスクラブの誕生である。その後も、リラクゼーションを採り入れた「ウエルネスクラブ」を開設するなど業態を拡大する。

同社が業界をリードしてきたのは、後藤の不撓不屈《ふとうふくつ》の精神があればこそであった。

大企業病・マンネリ化への危機感

後藤は、事業範囲をスポーツ健康産業に絞り、事業を発展させてきた。創業以来、現場の実態を体感し、把握できている事業だけを手掛けている。新しい事業に着手する際にも、事前に現場に頻繁に足を運び、最前線の生情報を肌で感じ取り、意思決定を行うことを不可欠としてきた。

セントラルスポーツの事業が、水泳、体操など選手を育成するスクール事業、フィットネスクラブ、ウエルネスクラブの店舗運営、介護予防に関する各種教室や介護予防活動支援など、後藤が現場感覚を持ち、十分把握している事業ばかりとなっているのは、そのためである。

後藤の現場感覚を保つための努力には目を見張る。社長のミッションを果たすため、二日に一度の頻度で現場を回り、トレーナーや社員と対話を行うなど、現場から目を離さないよう不断の努力を行ってきた。顧客目線で、現場スタッフの接客、サービス、コーチングをチェックし、疑問があればその場で指示するか、直接担当者に確認する。

重要なのは、後藤がターゲットにしているマーケットは、子供から高齢者に至るまで「すべての人々」であることだ。スポーツを通じて体を動かす楽しさを伝え、健康づくりに貢献することを不動不変の理念として、愚直に守り抜いてきた。その結果、日本に初めてフィットネスクラブを誕生させ、「楽しい」をキーワードとした健康づくりを提供、さらに介護予防や医療分野にも参入し、健康づくりをサポートしている。

後藤が経営理念「ゼロ歳から一生涯の健康づくりに貢献する」の実現の追求に余念がないことは、二〇一五年、社長を長男の聖治（四七歳）に譲ったことからもうかがえる。理念を実現するには、常識や通説にとらわれず、新しいことにチャレンジすることが最も大事だと考えるからだ。

ここ数年、同社も、大企業病の症状である〝マンネリ化〟が進行しつつある。後藤が危機感を持ったゆえんだ。

「会社を変えるにはトップが代わるのが最も効果的です。トップが代われば社員も変わる。私は聖治に『リスクを恐れずに新しいことに挑戦しろ』と言っています。私が元気なうちに交代し、聖治のやる新しいことを見守りたいと考えたのです」

後藤は社長交代を、会社全体が一塊となって、企業理念の実現を追求しているかどうか、時代の変化を踏まえて見直す好機と捉えている。いわゆる〝原点回帰〟である。

現在、同社が挑戦している新事業は二つある。大型バスを改造し、車内に体力測定機器や筋力トレーニング機器を付帯した「フィットネスカー」による〝移動式フィットネスクラブ〟と、トラックのコンテナ部分に特殊加工を施した「ホットヨガカー」による〝移動式ヨガピス〟だ。フィットネスクラブのない地域への出張や社員の健康に配慮する企業の活用が増えている。現在、首都圏の一都三県で展開するが、今後は全国の主要エリアに、順次配置していく計画だ。

もう一つは大学との連携だ。二〇一五年、千葉大学附属病院や順天堂大学と提携し、疾病予防と健康増進のための新プログラムの開発に着手した。一方、患者向け健康運動教室の実施、リハビリをサポートするパーソナルトレーナーの派遣など、介護予防医療分野に参入する。

「今後は、予防医学のための運動プログラムや医学に基づくリハビリプログラムの開発に力を注ぎ、健康長寿の実現に貢献したい」

後藤は今まで誰も手掛けなかった「スポーツ健康を科学する」ことにこれからも挑み続ける。

日比野隆司《ひびのたかし》　大和証券グループ本社社長
「幸福な成功者」の条件を備えたサラリーマン経営者

参謀・補佐役として

サラリーマン経営者の中にも、起業家のような「運をつかむ力」、すなわち危機突破の力を持つ人がいる。

大和証券グループ本社社長の日比野隆司（六一歳）は、一九九〇年代後半から先々代社長の原良也《はらよしなり》、先代社長の鈴木茂晴《すずきしげはる》の二代にわたり一四年間、No.2として活躍、同社の経営改革および企業風土の変革に貢献している。

日比野がNo.2として頭角を現したのは、五年間の英国現地法人勤務後、社長室の仕事に携わっていたときだ。ロンドンでビジネスを経験してきた日比野は、古い証券会社の文化を変えなければならないと考えていた。株式や債券など個々の商品を単独で運用、管理する時代は終わっている。現物と先物、スワップなどすべての取引をトータルに考えなくてはならない。リスク管理も肝要だ。しかし、株式部門は相変わらず現物株の売買に依存している。時価評価のコンセプトもないし、企業価値にフォーカスすることもない。証券会社の一番の強みであるはずの株式部門がこのままでよいはずがない。日比野は古い体質の株式部門を近代化すべく「運用開発部」の新設を上司に提案した。

一九九一年、運用開発部の新設が決まると、日比野は異動願いを出して参加。自らが高度な数学的手法を駆使する取引形態を導入するなど、エクイティ本部に移植すべき新たな文化を築き上げていった。

日比野がトップの参謀・補佐役となったのは、一九九七年、エクイティ部次長から社長特命の「経営企画スタッフ・チーフ」になったときだ。その年、金融証券業界で総会屋への利益供与事件が発覚し、当時の大和証券も関与していたことが発覚した。日比野が率いるチームに与えられた課題は「信用力の回復」だ。

一九九七年は三洋証券が破綻《はたん》し、山一証券が自主廃業した年。「大和にも簿外債務があるのではないか」との噂が飛び交い、株価は半値近くまで急落。そのとき、日比野が一計を案じたのが自己株式の買い入れ償却だった。会社自らが株式を買うという姿勢を鮮明にすることで飛ばしがないことを証明する狙いもあった。

株価はいったん戻るが、再び下降局面に入る。金融ビッグバンによって手数料が自由化され、証券業界の将来性に疑問符が付いたためだ。一九九八年に日興証券が米トラベラーズ（現シティグループ）と提携すると、市場から大和に対して厳しい視線が注がれた。そこで大和証券が模索したのが、住友銀行との提携だった。そして大和は、①住友銀行との資本業務提携、②日本初の上場持株会社化、③リテール（個人向け取引）とホールセール（法人向け取引）を分ける分社化、の三つのプロジェクトを同時に進めていった。

日比野は、持株会社化プロジェクトのリーダーを務めるとともに、危機的状況にあった格付け対応のリーダーも買って出た。住友との資本提携発表後も、米格付け会社が発表した格付けは、投機的等級の一歩手前の「ＢＢＢマイナス」で、さらに格下げ方向で見直しするというものだった。日比野は急遽《きゅうきょ》ニューヨークへ飛び、投資家や格付け会社へ経営戦略を訴えた。その結果、一九九九年一〇月、「格下げ見通し」は外された。

日比野隆司

その後、日比野は、大和証券ＳＭＢＣ執行役員、持株会社取締役・常務執行役員、同専務執行役員、同執行役副社長を歴任、社長の鈴木茂晴を支える№２として活躍する。

「山一の次は大和だ」

成長を遂げる企業の社長に共通する条件は、危機を千載一遇《せんざいいちぐう》のチャンスに転化することだ。危機のときこそが長期発展に向けた新しい方向性を見出すチャンスとする。危機でも冷静さを失わず、考えて考え抜いている。

日比野も、「常に新しいことに挑まないと戦いに勝てない」と危機感を全グループ社員と共有し、危機意識の醸成に心を砕いている。

日比野は二〇一一年四月に社長に就任したが、同社は二〇一一年、二〇一二年と二期連続赤字に転落した。そのままの状態が続けば、格付け会社の格付けも悪化し、銀行も与信を絞り、資金調達に支障を来す可能性もあるという、まさに危機的状況であった。

しかし、日比野は少しも慌てなかった。今までの大和の何が悪かったのか、逆に大和の持てるものが何であるのかを冷静に見つめ、あるべき方向性を模索した。その結果、日比野は徹底したコスト削減を断行すると同時に、「リーマンショック級の危機が発生しても、赤字にならない収益構造の確立」を打ち出した。つまり、株式委託手数料のように景気の波に左右されない、「預かり資産」の増加から安定的に積み上がるストック性の収益である、安定収益構造の確立だ。具体的には、投資信託の代理事務手数料や運用報酬や同社のネット銀行の運用利ザヤなどである。その安定収益源はリテール（個人向け取引）部門だ。顧客基盤を拡大し、〝貯蓄から投資へ〟の流れを加速させる。

一方、ホールセール（法人向け取引）部門は、住友銀行（三井住友フィナンシャルグループ）との合弁提携解消（二〇〇九年）の後遺症が残り、そのマイナス面を埋めるのに五年はかかると日比野はみた。二期連続赤字の要因の一つは、大和自らが選んだ提携解消の代償であることを日比野はわかっていた。

社長に就任した日比野は、「強靭《きょうじん》な経営基盤の確立」を基本方針に掲げ、一年目を「再生」、二年目を「成長」、三年目を「拡大」を目指す中期計画を立てた。目標は達成し、最終年度（二〇一五年三月期）の連結経常利益は約一八四五億円、純利益は約一四八四億円を確保した。

このように日比野は危機をチャンスに転化した。ではなぜ、日比野にそれができたのか。一九九七年、大和証券は総会屋利益供与事件への関与が表面化し、経営陣が一新した。一方で、金融危機により銀行、証券の経営破綻が始まっていた。日比野は急遽、社長直属の特命チームを率いることになる。市場からは「山一の次は大和だ」と噂された。同社は住友銀行との資本業務提携に踏み切るが、米格付け会社による格付けは「投機的」とされる等級の一歩手前にまで落ち、ついには「ネガティブウォッチ」とまで判定された。

この危機状況下で日比野が思い知らされたのは、強靭な収益体質を作ることの必要性だった。

以来、日比野は一貫して安定収益構造の確立を模索し続けてきたのである。

現在、日比野はビジョン「お客様に最も選ばれる総合証券グループ」を掲げ、「業界No.1のクオリティを梃子《てこ》に顧客基盤を飛躍的に拡大」を基本方針とする。〝貯蓄から投資の時代〟をリードする投資サービスの提供に注力するため、クオリティNo.1の追求、顧客基盤・収益の飛躍的拡大、新規産業の育成と企業の持続的成長に対する支援、を行うと宣言する。日比野が言う。

「成長戦略の中核が国内リテールビジネスであることに変わりはありません。日本の貯蓄から投資へのマネー・シフトの部分のポテンシャルは世界で最も大きい。われわれは、そこにフォーカスし、シンクタンクの大和総研、海外現地法人、アセットマネジメント各社などグループ企業の総力を挙げて戦っていく。リテール市場を押さえないと、世界で戦えないと考えています」

パイオニア精神のＤＮＡ

前述したように、経営は、「現実であり、論理ではない」と言われるが、持続的成長を遂げている企業の経営者は実に論理的である。自分の行った判断や意思決定について論理的に説明することができる。なぜそうするのかについて徹底的に詰めて考え、たとえ失敗した意思決定についても、きちんと説明ができる。

日比野は業界の常識、通説、他企業の成功の形を無批判に受け入れることなく、すべて自分で考え抜いてビジネスモデルを作ってきた。最大の特徴である上場会社初の「純粋持株会社化」も、グループ連結経営も、日比野が社長特命の経営企画スタッフ・チーフ時代に、常識に囚われず、企業存続の観点で考え抜いた結果と言える。持株会社化、住友銀行（三井住友フィナンシャルグループ）との資本業務提携、リテールとホールセールを分ける分社化の三つを同時に行った。

さらに、経営理念「信頼の構築」「人材重視」「社会への貢献」「健全な利益の確保」も、実は経営企画チーフ時代に書き上げたものだ。会社の信用を回復するには揺るがない経営理念が必要との信念に基づいて作成した。

日比野が言う。

「大和証券の本丸ともいうべき大和証券リテールは、持株会社の一〇〇パーセント子会社にし、大和証券が存続する形にしたのです。ホールセール部門の合弁投資銀行も、六対四でマジョリティは大和が持っていました」

こうした施策が提携一〇年後の二〇〇九年に行った三井住友との合弁提携解消につながり、銀行系ではない、独立系の総合証券大手としての大和証券の存続を可能にしたと言えよう。

同業他社を見ない。他社と同じ方法での単純な力の勝負を避け、別の軸を打ち立てて戦う。日比野の考え抜く経営は同社の戦略にも表れている。

持続的成長のためには、収益基盤を確立、つまり安定収益を高める必要がある。投資信託の代理事務手数料や運用報酬、同社のネット専業銀行の運用利ザヤなどだ。そのためには、まず世界最大規模の金融資産を保有する日本の個人市場拡大を喫緊の課題とした。安定収益を高めていくには、大和の全グループ企業が個人市場にフォーカスし、市場の開拓に注力する。すなわち、持続的成長↓安定収益の向上↓個人客市場の拡大、という戦略構図になる。

また、戦術も人の後追いではなく、人と違うことをやる。社員たちに新しいことに挑戦させた。その結果、業界初のインターネット証券、ネット専業銀行を創設した。

最近では相続や教育費、生活費など資金の目的ごとに運用コースを選べる業界初の「ラップ口座」に注力している。証券会社に資産運用を一任するラップ口座で預かり資産の増加を狙う。現在、ラップ口座の契約資産残高は約一兆四九八〇億円（二〇一六年六月末時点）に達している。

「ラップ口座は経験や時間がない顧客がプロに任せ、顧客ごとに最適な資産構成を築く資産管理型ビジネス。今後、ラップ口座の拡大に期待しています」

大和にはかつて、業界に先駆けて新商品・新サービスを提供する「パイオニア精神」の企業文化があった。一九八〇年代には預金取扱金融機関と当時の人気投信の中国ファンドを結び付けるスウィープ提携を実現。当時としては銀行・証券の垣根を飛び越える離れ業だった。また、一九八〇年の「ロクイチ（年6・1パーセントの利付）国債暴落」時には、債券投信の新国債ファンドを組成して既存国債を吸収し、国債暴落が収束するきっかけも作った。そうして大和は業界で存在感を示してきた。

日比野が論理的なのは自らの考え抜く力に、大和のＤＮＡが加わっているからに違いない。

粘り強さと幸運

サラリーマン経営者の中で、日比野ほど「幸せな成功者」の条件を多く備えている経営者は珍しい。東大法学部卒業後、大和証券に入社し、債券部、英国現地法人、社長室、経営企画部長などを歴任し、社長に上り詰めるが、その過程で、自分で「夢」や「志」を追い続ける環境を作り上げている。

まず、逆境でも、「自分は運がいい」と思えること。人は誰しも同じような体験をする。それに対して、「運がよかった」と思えるような人が成功している。日比野も失敗したとき、原因を他人やタイミング・環境のせいにしたりせず、すべて反省の機会に置き換えてきた。

さらに、将来はみんなのために、こういうことがやりたいという「志」を持っていること。日比野は日本の証券会社を世界に通用する証券会社に改革したいという志を持ち続ける。また、何があってもあきらめないこと。途中でうまくいかずに、挫折《ざせつ》感に苛《さいな》まれても決して挫《くじ》けないこと。

それらを示すエピソードは多い。一九七九年、入社後、最初に配属されたのは債券部だったが、後に「債券部で〝運〟がよかった」と思った。「債券の大和」と言われていたが、一般的に証券会社の主流は株式部門とされ、債券部門は傍流と見られていた。日比野は傍流だからこそ、証券会社の〝本丸〟である株式部門を客観的に眺め、不合理な点を見つけられると考えた。

典型例がロンドンから見た日本の証券会社の古い文化だった。現地ではリスクを管理しつつ、現物と先物、スワップなどすべての取引をトータルに考えて、収益の最大化を図る。ところが、日本では現物株の取引に依存し、「場味《ばあじ》で取引しろ」といった昔ながらの言葉が飛び交う状況が続いていた。帰国後、日比野は株式部門を近代化したいという「志」を立て、「運用開発部」の新設を提言。採用されると自ら手を挙げて参加し、チーフディーラーとして近代ビジネスへと切り替えていった。

日比野流で圧巻だったのは、「経営企画スタッフ・チーフ」時代の粘り強さだ。先に書いたように、一九九七年、大和は総会屋事件への関与が表面化し、社会的信用が失墜した。株価は半値まで下がり、「山一証券の次は大和」とまで噂された。

日比野は自己株式の買い入れ償却を提案、株価を元に戻すが、一九九八年金融ビッグバンで再び株価が下がる。米格付け会社の格付けは投機的とされる水準の寸前まで落ちた。三月、同社は中期経営計画を発表するが、格付け会社はさらに引き下げる可能性のある「ネガティブウォッチ」とまで判定。日比野は挫折感に苛まれた。

七月、大和は三井住友銀行と提携し、合弁投資銀行の設立を決定した。しかし、ネガティブウォッチは変わらない。このままだと黒字倒産に追い込まれかねない。日比野はあきらめなかった。ニューヨークへ飛び、株主と格付け会社に経営戦略を訴えた。その際、著名な米投資家ウィルバー・ロスの助言を得た。その結果、ネガティブウォッチは外された。日比野の粘りが会社を救ったのだ。「乗り越えられない困難はない」という確信は、そのときの経験に基づく。

日比野は常に人に学ぶことを心掛けてきた。社長室時代に仕えた歴代社長をはじめ、上司に折々に学んだことを生かしてきた。例えば新人のとき、債券部長の故奥本英一朗（元大和証券副社長）に教わった「腹に落ちないことはその場でトコトン聞く」は今も忘れない。

「幸せな成功者」になれるかどうかは、幸運思考に加え、学ぼうとする意識と姿勢で決まることを日比野は示すのである。

ビジョンを語る熱意

日比野は、ビジョンとして「お客様に最も選ばれる総合証券グループ」、基本方針に「業界

No.1のクオリティを梃子に顧客基盤の拡大」、「企業価値向上に資するソリューションの提供」を掲げる。それに基づき、「クオリティNo.1の追求」「顧客基盤拡大」を推進、「新規産業の育成と企業の持続的成長に対する支援」を打ち出す。ビジョンの策定は、日比野が自らの思いを語り、経営企画部が口述筆記する形で行われた。

日比野が社長就任以来、一貫して訴えているのは、「強靭な経営基盤の確立」だ。社員に話す機会があれば、必ず伝える。例えば、役員向けには役員会議で、管理職には部店長会議や社員研修で、またリテール社員には、支店訪問時や優績者表彰の会合の席で、さらに全社員向けには、社内報や社内放送を通して自分の思いを語っている。

日比野のビジョンを語る「伝道」への熱意は、二〇一六年の入社式のスピーチにも表れている。

「明確な目標と仕事へのこだわりを持ち、時代感覚と国際感覚を磨き続けてほしい。二〇一五年度スタートした中期経営計画の基本方針『本格化する貯蓄から投資の時代の中で、業界トップのクオリティにより、お客様を惹きつけ、ベストパートナーとなる』の実現に向け、グループの総力を結集してさらなる戦略を推し進める。皆さんの活躍に期待する」

自分の理念や方向性を組織に浸透させるため、日比野は繰り返し語るだけでなく、言行を一致させている。つまり、自分の理念や方向性通りの会社運営を実行しているのだ。この、言行一致の断固たる実行にこそ、日比野による同社の企業改革の特筆すべき点がある。

例えば、「安定収益優先主義」への方向転換の決意。以前の大和証券には、収益なら、外部環境に左右される売買手数料などフロー収益でもなんでも良いという考え方が強かった。そこを、まず安定収益から入ることにした。安定収益を出すために、景気など外部環境に左右されない〝強い事業〟を作ろう。そのためには〝強い商品〟を作ろうといった具合に、逆の発想を植え付けたのである。

目指す事業の一つが資産管理型ビジネスモデル。個人のライフステージに沿った資産形成、資産運用、相続に関連するニーズを捉える事業だ。伝統的な投信運用に加え、顧客に合った運用を行う「ラップ口座」、「不動産アセットマネジメント」、ネット銀行など、預かり資産の増加から安定的に積み上がるストック性のビジネスを拡大する。日比野は、資産形成や相続など市場動向にかかわらず存在する「絶対ニーズ」にフォーカスすることで、構造的に不安定だったフロー収益自体も安定化させようとしている。

言行一致の実行の結果、同社は安定収益額（二〇一五年度）を対前年度比約九パーセント拡大、ビジョンを実現させている。また、二〇一七年度にはＲＯＥ（株主資本利益率＝投資家から預かる出資金の利回り）を現在の九・五パーセントから一〇パーセント以上、安定収益により固定費をまかなう「固定費カバー率」を現在の六九パーセントから七五パーセントに、引き上げる計画だ。それに伴い、経営の安定化を図る。

日比野がいかに、同社を自らの理想とする「日本の伝統的総合証券会社の強みを発揮し、社員が自分の人生を託す価値ある企業グループ」に創り上げていくか、手腕が注目される。

著者略歴

一九五〇年、兵庫県に生まれる。ジャーナリスト。テレビディレクター、ニューヨークの雑誌スタッフライターを経て、一九八三年に独立し、新聞、週刊誌、月刊誌で精力的に執筆。逃亡中のグエン・カオ・キ元ベトナム副大統領など、数々のスクープ・インタビューをものにする。現在は国際経済をはじめとして、政治・社会問題など幅広い分野で活躍。

これまで五〇〇人以上の経営者にインタビュー。ダイエーの創業者・中内㓛には一九八三年の出会いから、逝去まで密着取材を続けた。

著書には『流通王——中内㓛とは何者だったのか』『柳井正 未来の歩き方』（以上、講談社）、『続く会社、続かない会社は№2で決まる』（講談社+α新書）、『「使命感」が人を動かす——成功するトップの絶対条件』（集英社インターナショナル）などがある。

社長《しゃちょう》の危機《きき》突破法《とっぱほう》
——思考力《しこうりょく》・胆力《たんりょく》・現場力《げんばりょく》

二〇一六年一二月一一日　第一刷発行

著者　大塚英樹《おおつかひでき》

発行者　古屋信吾

発行所　株式会社さくら舎　http://www.sakurasha.com
東京都千代田区富士見一-二-一一　〒一〇二-〇〇七一
電話　営業　〇三-五二一一-六五三三　FAX　〇三-五二一一-六四八一
編集　〇三-五二一一-六四八〇
振替　〇〇一九〇-八-四〇二〇六〇

装丁　石間　淳

写真　中野和志＋中村介架

印刷・製本　中央精版印刷株式会社

ISBN978-4-86581-081-3